Wandel - Wie kommt das Neue ins System?

Gedruckt mit freundlicher
Unterstützung von

Bundesministerium für Kunst, Kultur
öffentlichen Dienst und Sport
Sektion IV Kunst und Kultur

und

Amt der Kärntner Landesregierung
Abteilung 1 – EU-Koordination

WANDEL

Wie kommt das Neue ins System?

Europäische Toleranzgespräche
Fresach 2022

Edition im Auftrag des Vereins
Denk.Raum.Fresach – Europäisches Toleranzzentrum
Produktion: Temmel, Seywald & Partner
Herausgeber: Dr. Wilfried Seywald

Inhalt

Wilfried Seywald

Geleitwort

Nach dem überraschenden Rückzug des Österreichischen PEN-Club von den Europäischen Toleranzgesprächen stand die Frage im Raum, wie wir seitens der Organisation die philosophisch-literarische Komponente auf dem gewohnt hohen Niveau weitertragen können. Uns wurde ja – im 7. Jahr der Zusammenarbeit – der Vorwurf gemacht, die Literatur nur zur Behübschung von Wirtschafts- und Tourismusgesprächen zu berücksichtigen. Gerade am Thema des Jahres 2021 – „Fairness – Die neue Globalisierung" – hatte sich der Konflikt entzündet, der zum Bruch geführt hat. Die Einladung der hochgeschätzten Eröffnungsrednerin, Imamin und Frauenrechtlerin Seyran Ateş wurde damals ebenso abgelehnt wie jene des früheren Nestlé-Chefs mit Kärntner Wurzeln, Peter Brabeck-Letmathe.

Im Vorwort der Publikation 2021 wird seitens des amtierenden PEN-Präsidenten die Frage gestellt, ob wir wirklich über Fairness geredet haben oder nur so taten, und als Beleg werden zahlreiche Beispiele für die Missachtung von Menschenrechten weltweit, die Ungerechtigkeiten des Wirtschaftssystems und die Hetze rechter Gruppen gegen demokratische Errungenschaften angeführt, die wir offensichtlich unerwähnt bzw. ausgelassen hatten. Zuletzt wurde der Abschied sogar zu einer Art Abgesang stilisiert, so als ob für den PEN innerhalb der Toleranzgespräche nicht jede Möglichkeit bestanden hätte, sich in Wort und Tat einzubringen.

Nun, dem können wir gelassen entgegnen, dass die Toleranzgespräche 2022, wie in diesem Lesebuch leicht nachzulesen ist, wiederum eine Fülle attraktiver Analysen und Anregungen, sowohl politikwissenschaftlich wie literarisch und wirtschaftspolitisch geliefert haben. Wir sind geradezu stolz darauf, auch ohne die Mitwirkung des PEN hervorragende Dichter und Denker*innen für Fresach zu gewinnen, und überzeugt, dass dieses Forum viel Platz schafft für offene, kritische und natürlich auch unversöhnliche Auseinandersetzungen im Geiste der Toleranz.

Fresach, am 1. Dezember 2022

Hannes Swoboda

Toleranz in Zeiten des Krieges

Wenn es um das Neue geht, dann sehen wir gerade jetzt etwas, das sehr alt ist und von dem wir gehofft haben, dass es überholt ist – nämlich den Krieg. Es ist nicht der einzige Krieg, denken wir nur an die furchtbaren Ereignisse in Äthiopien, nur als ein Beispiel. Aber deswegen dürfen wir diesen Krieg in Europa nicht unterschätzen und vor allem nicht tolerieren. Wir dürfen Massaker an der Zivilbevölkerung und die Zerstörung der Lebensgrundlagen von vielen Menschen nicht tolerieren. Wir dürfen nicht tolerieren, dass infolge des Kriegs viele Menschen verarmen und Hunger leiden. Denken wir nur an die ausgefallenen Transporte von Getreide aus der Ukraine.

Aber was heißt nicht tolerieren? Heißt das, wir müssen einfach Aufrufe unterschreiben? Wir müssen auf Demonstrationen gehen? Wir müssen die Parteien auffordern, Gespräche zu führen?

Ja, das ist wahrscheinlich alles notwendig und sinnvoll. Und dennoch ein Aber: Ich habe vor wenigen Tagen das Memorial Center in Srebrenica in Bosnien besucht. Dort sind tausende Menschen umgekommen, ja abgeschlachtet worden. Doch schon vor dem Tod dieser Menschen hat eine jahrelange Aushungerung der Bevölkerung durch die serbische Armee und Ratko Mladic begonnen.

Ja, es ist gesprochen worden mit Radko Mladic, UNO-Vertreter haben mit ihm verhandelt, die Menschen aus Srebrenica haben mit ihm gesprochen – und er hat zugesagt: Wir werden Euch nichts tun, Ihr seid ja unsere Brüder und Schwestern. Die UNO hat ihm vertraut, die UNO ist abgezogen, dann sind die Menschen in Bussen weggebracht worden, und Tausende abgeschlachtet worden.

Manchmal nützt es leider nicht, nur zu reden, wenn die andere Seite nicht reden will. Und es ist heute noch für mich schwer zu verstehen, dass dort hunderte UNO-Soldaten waren und dass man den Worten vertraut hat und gleichzeitig die Menschen dem Tod ausgeliefert hat. Wir können und dürfen nicht tolerieren, dass Menschen einem Aggressor schutzlos ausgeliefert werden.

Was wir aber tolerieren müssen, und da bin ich sehr froh, dass wir das in Österreich tun ist, dass es jetzt viele Flüchtlinge gibt, um die wir uns sorgen, denen wir helfen, die auch einen Job bekommen, wenn die Verwaltung es schafft, die entsprechenden Genehmigungen zu erteilen. Das dauert oft leider sehr lange.

Was mich da betrübt macht, ist allerdings, dass jetzt plötzlich die Migration kein Problem mehr ist, die Flüchtlinge kein Problem sind. Wenn sie aus einer anderen Region gekommen sind, war es ein Problem. Jetzt sind die Flüchtlinge nicht Flüchtlinge, sondern Vertriebene. Die anderen Flüchtlinge, aus Syrien, das waren Leute, die „geflohen" sind, die „nicht vertrieben" worden sind. Das ist eine Zwiespältigkeit, die wir, glaube ich, nicht tolerieren können.

In Zeiten des Krieges entsteht immer Hass. Und das ist auch menschlich verständlich. Und dennoch möchte ich hier ganz deutlich sagen, wir dürfen den Hass nicht tolerieren. Hass ist niemals eine Basis für eine neue Welt, das Neue, das wir uns wünschen. Und ich weiß, dass viele meinen, den Hass muss man tolerieren, wenn er jetzt gegenüber Russland geäußert wird.

Aber unlängst schrieb die russische Schriftstellerin Irina Rastogujewa: „Vor dem Hintergrund des Krieges ist es schwierig, die Welt nicht in Schwarz und Weiß einzuteilen, die Menschen nicht in gut und böse zu teilen. Aber selbst innerhalb der Nationen gibt es diese Einteilung. Russen, die darum bitten, nicht mit Putinisten in einen Topf geworfen zu werden, Tschetschenen, die sich von Kadyrow abgrenzen, Belarussen von Lukaschenko. Ich als Russin sage, Ruhm der Ukraine und glaube an ihren Sieg. Ich teile die Wut gegen Putin und sein Regime, aber ich votiere gleichzeitig für die persönliche Verantwortung, denn jeder muss für DIE Verbrechen zur Verantwortung gezogen werden, die ER begangen hat."

Diese Worte sind auch ein klares Votum gegen den blinden Hass auf die Russen, weil wir sonst nie ein neues Europa aufbauen können. Die Ukraine möchte ja in die Europäische Union eintreten. Und sie möchte es jetzt, auch wenn das vorläufig noch utopisch ist, aber hoffentlich in einigen Jahren real.

Dazu muss man klar sagen, die Europäische Einigung ist nicht etwas, das auf Hass gegründet ist. Sie baut auf Versöhnung, auf Verständnis, auf ein Miteinander. Ja es ist schwierig, heute mit Ukrainern zu reden über eine Verständigung mit Russland, aber am Ende des Tages, und ich hoffe, das ist nicht allzu weit weg, wird man auch hier wieder einen Versöhnungsprozess in Gang bringen müssen.

Damit meine ich klar und deutlich: Wir können Krieg nicht tolerieren, wir dürfen Aggression nicht tolerieren, und wir sollten nicht tolerieren, dass Menschen einem Aggressor ausgeliefert werden. Aber wir sollten und können auch nicht tolerieren, dass Hass die Grundlage für Beziehungen von Ländern innerhalb von Europa ist, sonst geht die Grundidee der europäischen Einigung verloren, und ich glaube, diese Grundidee sollten wir bei uns behalten, wenn wir in die Zukunft blicken.

Peter Vollbrecht

Sehnsuchtsland
Wie wir besser anders reisen – Oder:
Reisen als Nahrung für die Seele

Es ist eigentlich nur ein kleiner Schritt von einer philosophischen Reise zu einem Philosophieren über das Reisen. Denn wäre es nicht ein spannendes Unterfangen, das Bündel aus Imagination, Fernweh und Erwartung, aus Ankommen, ersten Orientierungen und unerwarteten Wendungen zum Thema zu machen – während einer Reise nach, sagen wir Venedig etwa, dem literarischen Sehnsuchtsort schlechthin? Was könnte man da nicht alles hineinpacken ins kulturtouristische Programm! Nun, wir müssen es hier etwas weniger verheißungsvoll angehen, gleichwohl sind die nachfolgenden Betrachtungen über das Reisen keine Trockenübung. Denn vor zweiundzwanzig Jahren bin ich mit einer philosophierenden Gruppe zum ersten Mal aufgebrochen. Seitdem bin ich wohl über zweihundertmal philosophisch gereist, kreuz und quer durch Europa und mitunter auch in Süd- und Südostasien. Damals aber, zu Beginn im Sommer des Jahres 2000, ging es zum Denken und Wandern in die Schweiz. Das obere Engadin war die Lieblingslandschaft von Friedrich Nietzsche gewesen, er verbrachte dort sieben Sommer, wir blieben dort zwar nur sechs Tage, aber: Immer noch fahre ich dorthin, in den Kraft-Ort Sils Maria, das Wandern und das Nachdenken ist einfach eine gute Kombination für ein gutes Reisen, aber dazu später noch mehr.

Das Salz in der Suppe

Jetzt möchte ich Ihnen erst mal das Terrain aufbereiten. Ein paar Gedanken zum Reisen also möchte ich mit Ihnen teilen, und da erwarten Sie gewiss, dass dabei auch die gegenwärtige Weltlage eingefangen und mitreflektiert wird. Doch bevor ich uns das Salz einstreue in die Suppe, lassen Sie mich in zwei, drei Strichen den Glanz des Reisens preisen. Denn noch zweimal werde ich auf ihn, diesen Glanz zurückkommen. Seit jeher nämlich schon verspricht das Reisen neue Möglichkeiten. Neue Möglichkeiten für das eigene

Dasein: anderen Lebensarten zu begegnen, sie zu schmecken, vielleicht gar selbst ein anderer zu werden oder endlich, endlich nur man selbst.

Es hat den Glanz einer Sehnsucht. Seidig bauschend seit Eröffnung des Orienthandels nach Arabien, Persien, Indien und China führten die Wege bis zu den Handelsstädten Niederländisch-Südostasiens. Der Duft des Orients wehte über den Handel hinein nach Europa und betörte die Phantasien. Europäische Künstler und Intellektuelle exotisierten den Orient zu einer kulturellen Fremde, in die sie die Lebenssehnsüchte des Abendlandes hineinprojizierten. Später rückten weitere Horizonte hinzu: die Tempel der Azteken und Maya, die Savannen Afrikas, die Flüsse Amazoniens, die Korallen der Südsee, die Weltmeere und die arktischen Zonen. Der seidige Glanz ist der Glanz der Ferne.

Unschwer ließe sich von der geografischen und kulturellen Ferne zur existenziellen Lust am Ausgesetztsein schreiten, die man dort in der Ferne erlebt, und von dort kämen wir dann zum existenziell Einmaligen und Unwiederholbaren, das ja eine wesentliche Grunderfahrung des Reisens ist. Im einmaligen, nicht wiederholbaren Erlebnis spiegelt sich unsere endliche Existenz. Das sind zugegeben recht große Töne, doch sie klingen nur nach innen, ins Seelische, und sie treffen auf einen Missklang da draußen, von dem nun die Rede sein muss. Schon im Frühjahr, noch vor Ausbruch des russischen Krieges, habe ich mich auf solche Misstöne eingestellt, als ich damals die Einladung nach Villach angenommen hatte. Doch mittlerweile sind die Zivilisationen noch instabiler geworden, so jedenfalls nehme ich das wahr, da haben sich eine ganze Reihe von Krisen mit unbekanntem Ausgang übereinandergeschichtet. Sie werden, das steht zu erwarten, uns zukünftig das Reisen versalzen. Doch schaut man genauer zu, dann ist der Tourismus selten eine sanfte und unschuldige Sache gewesen. Er hat den Konsumismus bis an die Enden der Welt getragen, hat dort den Wohnraum verteuert und manchen von der angestammten Heimat vertrieben. Das ist beileibe keine exotische Erzählung neokolonialen Tourismus, sie trifft ebenfalls auf Sylt wie auf Amrum zu und gewiss auch noch auf andere Plätze direkt vor unserer Haustür. Das alles ist bekannt, aber das ist nicht das Salz, das ich heute einstreue in meine Gedanken über das Reisen.

Heute geht es um die aktuellen Besorgnisse, deren ich vier kurz erwähnen möchte gleich zu Beginn, um sie dann immer wieder in positiveren Kontexten zu reflektieren:

Erstens: Wir leben in einem Klimawandel wie auch in einem Artensterben von unbekanntem, aber hochdramatischem Ausmaß, und selbst die vorsichtigeren Schätzungen schockieren mit der Aussicht, dass größere Bereiche des Planeten unbewohnbar werden. Die Verknappung von Lebensmitteln wird die sozialen Schieflagen noch deutlicher hervortreten lassen. Das wird vor allem Auswirkungen auf die Fernreisen haben, etwa zu den karibischen, den lateinamerikanischen, den afrikanischen, den südasiatischen und indo-pazifischen Zielen.

Zweitens: Wir leben in einem pandemischen Zeitalter, das sich gerade eine postpandemische Pause leistet. Mit neuen Versicherungs- und Buchungskonditionen hat die touristische Infrastruktur auf die Verunsicherung der Kunden reagiert. Dennoch scheinen mir die längerfristigen Auswirkungen eines pandemischen Zeitalters auf den vulnerablen Tourismus noch nicht absehbar.

Drittens: Wir erleben auch in der Versorgungslage der Menschheit einen Zeitenwechsel. Vielleicht muss es aber richtiger heißen: Die Ressourcenknappheit ist nun auch in den reichen Industrieländern zu spüren. Nicht unwahrscheinlich ist es, dass die Weltwirtschaft eine längere Phase der Stagflation erlebt, durch die vor allem der Mittelstand und die unteren Schichten empfindliche Einbußen an Wohlstand werden hinnehmen müssen. Dem Tourismus gehen dabei wichtige Kerngruppen verloren.

Und schließlich, viertens: Wir leben in einer neo-militarisierten Welt. Ein nicht unbeträchtlicher Anteil der Wirtschaftsleistung wird im militärischen Sektor versenkt werden und steht als Wohlstand nicht mehr zur Verfügung. Ob die Lust am Reisen in einem Zustand eines permanenten Angstszenarios noch die Dynamik aufweist wie zuvor, wird die Zukunft zeigen. Möglich, dass die Menschen vermehrt ausschwärmen, um die dunklen Zukunftserwartungen im Pool all-inclusive zu verscheuchen. Möglich aber auch, dass es genau umgekehrt kommt und die Menschen sich kokonieren in nahen Welten. Wahrscheinlich geschieht beides und dazwischen noch viel von anderer Farbe.

Und mit diesem Wahrscheinlich möchte ich die Zubereitung des Terrains abschließen: Ich kann Ihnen keine umfassende Sicht auf das zukünftige Reiseverhalten bieten. Da sind einfach zu viele Faktoren im Spiel. Nehmen Sie einfach mal zum Spaß, ja nur zum Spaß, die großen Prognosen der Zukunftsforscher noch einmal zur Hand, die gleich nach Ausbruch der Pandemie gemacht wurden, und halten Sie den Jetzt-Stand der Weltzivilisationen dagegen. Ich wette mit Ihnen: Sie brechen in ein lautes Lachen aus!

Über das Reisen nachzudenken, über seine Schönheiten, über das Fernweh und über die Horizonterweiterung, die das Reisen ermöglicht – muss man dabei die Schönheiten einsalzen? Geht es nicht ohne die ständige Problemwut? Erinnern wir uns kurz der Rede vom „Neuen Normal", das zu Beginn der Pandemie in aller Munde war. Hoffnungen hatten sich darin artikuliert, Hoffnungen auf eine grundlegende Korrektur unserer Weltbewirtschaftung. Und um eine solche Hoffnung geht es auch mir, auf eine Kurskorrektur im touristischen Feld. Ein „Weiter so" wäre ignorant, wäre fatal, wäre verantwortungslos. Gehen wir es also an!

In einem ersten Teil werde ich versuchen, der Faszination des Reisens zur Sprache zu verhelfen. Das wird nicht leicht sein, und ebenso schwierig ist die zweite Aufgabe, die ich mir gesetzt habe: dem Reisen ein Zukunftsdesign zu verpassen. Der durchgängige rote Faden, der beide Teile miteinander verbindet, ist der Faden einer Sinnerwartung. Denn wenn wir uns zu einer Reise entschließen, dann erwarten wir uns ja etwas davon. Aber was? Gibt es da einen größten gemeinsamen Nenner für alles Unterwegssein?

Fort-Sein und Dort-Sein

Ich suche ihn mit zwei Wortfügungen, nämlich dem ›Fort-Sein‹ und dem ›Dort-Sein‹. Dabei kommt das Dort-Sein sehr viel besser weg, aber auch das Fort-Sein hat seinen Charme. Ich nehme die Pointe gleich vorweg: das Fort-Sein ist Urlaub, das Dort-Sein ist Reisen. Aber eines nach dem anderen! Fort-Sein, das ist vor allem eines: Weg-sein. Endlich raus aus der Routine von Alltag und Beruf. Da muss es doch noch eine andere Welt und ein anderes Leben geben, das Fort-Sein bläst in den Konjunktiv des Lebens. Und wer wüsste nicht, wie uns die Aufbrüche immer wieder mit Vitalkraft erfrischen. Das frühe Aufstehen, das Abschließen der Wohnung, das Besteigen des Zuges oder das Starten des Automobils. Im Fort-Sein ziehen wir einen Strich hinter uns, und damit ist auch schon eine gewisse Einseitigkeit des Fort-Seins markiert: Es ist gleichsam negativ bestimmt.

Bringen wir also Positives hinein! Das ist zumindest theoretisch nicht sehr schwer. Schließlich sind wir angekommen nach einer mehr- bis vielstündigen Reisezeit. Wir sind nun dort. Und jetzt – sind wir auch wirklich mental dort? Nämlich aufmerksam, wach und lernbereit? Endlich, endlich weg, das reicht noch nicht, da bleiben wir existenziell unter unseren Möglichkeiten. Und dabei liegen diese doch auf der Hand: Wie treten wir den Einheimischen gegenüber – sofern diese Bezeichnung heute überhaupt noch einen Sinn macht? Interessiert es uns, welche Eindrücke sie von uns gewinnen? Sind wir sprachlich in der Lage, uns ihnen gegenüber zu öffnen? Wie sind die politischen Verhältnisse im bereisten Land? Sind wir in der Lage, die kulturellen Codes zu lesen, die uns erschließen lassen, wie Männer, Frauen und Kinder miteinander umgehen oder welcher Art der Respekt (oft nur ein Euphemismus für die Angst) ist, der den polizeilichen Ordnungskräften entgegengebracht wird? Diese und viele andere Fragen stellen sich denen, die wirklich dort sind. Erst im Dort-Sein lassen wir uns ganz auf die begegnende Welt ein und erwarten nicht, dass sie einfach nur anders sein soll als unsere häusliche Welt. Das bloße Anderssein ist doch wie ein exotisch geschmücktes Schaufenster.

Zugegeben, da bleibt man gern einmal stehen, um es zu beschauen, aber dabei bleibt es dann auch. Das Dort-Sein dagegen macht eine existenzielle Selbsterfahrung im Spiegel der bereisten Welt möglich. Die Andersartigkeit von Land und Leuten dringt nun tiefer ein in den seelischen Haushalt. Das Fremde kann dort Keime der Veränderung pflanzen, die mitunter erst sehr viel später treiben mögen. Nicht selten sind es besondere Begebnisse, die uns auf Reisen widerfahren und die zu Schlüsselerlebnissen werden, die das innere Leben zu Veränderungen aufbereiten. Dabei sind die Schwellen niedrig: Eine Taxifahrt kann mehr sein als nur eine stumme Dienstleistung. Ein Gang durch den Basar kann zu einem Fototermin auswachsen, zu dem sich plötzlich von anderen Ständen Brüder, Onkel und Töchter gesellen und schlussendlich eine Großfamilie mit undefinierten Rändern in die Linse blickt. Sehr schnell gelingt ein zwangloser, freundlicher Austausch mit der Welt der anderen, der uns bewegt. Und immer sind es die kleinen Erlebnisse, die hier zählen. Zugegeben: zum Dort-Sein braucht es Zeit, Aufenthalt und möglichst auch den langen Atem für Wiederholungen an nämlichen oder ähnlichen Orten. Dann kehren Ruhe ein und kleine Inseln eines Bleibens, darin besteht das Geheimnis des Dort-Seins.

Fort-Sein versus Dort-Sein, das ist, ich sagte es bereits, wie Urlaub versus Reisen. Urlaub, das leitet sich etymologisch von Erlauben her, das kommt vom Althochdeutschen her, aus der feudalen Welt also, und gemeint ist die Erlaubnis, den Diensten einmal fernbleiben zu dürfen. Urlaub und das Fort-Sein, das ist die zertifizierte Ablösung, das sind die Ferien, in die man nicht selten den Vorsatz mitnimmt, endlich einmal selbstbestimmte Wochen zu erleben. Doch erst das Reisen schreibt die Selbstbestimmung in großen Buchstaben. Auf Reisen erleben wir uns, wie wir auf andere Welten reagieren, wir erleben das Spannungsverhältnis vom eigenen Ich und dem fremden Ihr.

Das Menschenbild Unterwegssein

Wahrscheinlich ist dem Menschen das Unterwegssein in die Wiege gelegt. Davon berichtet ein zentrales Dokument der italienischen Renaissance aus der Feder des früh verstorbenen Philosophen Pico della Mirandola (1463-1494). Mit ihm streifen wir durch die letzten Jahre des 15. Jahrhunderts, ziemlich zeitgleich mit Christopher Columbus' erster Reise nach Amerika. Im Schöpfungsplan, so fabuliert Pico, habe Gott für den Menschen kein Programm festgelegt. Vielmehr habe der Schöpfer die Wege des Menschen ganz in dessen Hand gelegt. Der Mensch ist unterwegs, um sich zu finden oder um sich zu verfehlen. Dabei, wen wundert es, war das Erstere stets attraktiver als das Zweite, aber zur menschlichen Freiheit gehört eben auch, dass das Leben misslingen kann. Das ist der Preis der Freiheit. Wie dem auch sei – als freies Wesen ist der Mensch mit sich nie fertig, stets steht noch etwas aus, wir suchen eine Ergänzung zu dem, als was wir uns erleben, und deshalb zieht es uns hinaus in die Fremde. Gewiss, es gibt auch die existenzielle Gegenkraft, die uns das Bleibende und Beständige suchen lässt. Wir sind ein Bündel von Gegensätzen, die gelebt sein wollen, wir sind Dörfler und Kosmopoliten in einem, mal mehr das eine und mal mehr das andere. Aber auch der bodenständigste Mensch lässt sich verzaubern von den Berichten aus fernen Ländern.

Historisch gesehen waren es wohl die Händler, die hier den Anfang machten, aber auch die Denker zog es sehr früh hinaus. So führte der antike Reiseweg der Gelehrten nach Ägypten und Syrien, wo sie sich die Kenntnisse der Mathematik und Astronomie aneigneten. Zwar waren das keine Reisen im eigentlichen Sinne, sondern eher das, was wir heute Auslandssemester nennen würden. Bedeutsam für das Reisen scheint mir aber diese frühe Wurzel des Wissenstransfers zu sein, der sich überdies im Mittelalter gerade im islamischen Kulturraum ganz besonders intensiv gestaltete. Die islamischen Wissenschaftler waren allesamt weitgereist, auf sie trifft das Bild ganz besonders zu, dass Menschsein bedeute, unterwegs zu sein. Der damalige Bildungstourismus – wir sprechen vom 8. bis 11. Jahrhundert (!) – stand unter einem ganz besonderen Stern, er wurde nämlich von höchster Seite protegiert. Der Kalif al-Maʾmūn hatte das möglicherweise umfassendste Mäzenatentum überhaupt gestiftet, das Wissenschaft und Kunst je genossen hatten. In den ›Häusern der Weisheit‹ (Bait al-Ḥikma) in Bagdad und Kairo wurden die griechischen Schriften übersetzt, es wurden astronomische Beobachtungen angestellt, Weltkarten gezeichnet und Erdgloben gebaut. Die Besucher aus dem Abendland staunten über die komfortablen Krankenhäuser, in denen Patienten rundum versorgt wurden, wo die Medizin zu einer Wissenschaft avanciert war, deren Lehrbücher bis ins 18. Jahrhundert auch in den christlichen Zivilisationen kanonisch blieben. Ein Wissenschaftsraum, der in seiner Zeit keine Parallele hatte, spannte sich von Buchara im heutigen Usbekistan bis nach Córdoba in Andalusien. Hier treffen wir wieder auf den antiken Glanz des Reisens: Die angehenden Gelehrten brachen auf zu ihren Lehrern, die in den ›Häusern der Weisheit‹ unterrichteten und forschten.

Im Verlauf der Geschichte des Reisens, die ich hier nicht ausführlich erzählen kann, ist vor allem ein Ereignis besonders herauszuheben. Irgendwann wurden die Reiseberichte nämlich subjektiver und existenzieller. Waren sie in der Antike und im Mittelalter eher sachlich, nüchtern und beschreibend, so legte der Autor etwa ab dem 18. Jahrhundert seine eigene Empfindsamkeit mit hinein in seine Berichte. Damit veränderte sich die Reiseliteratur entscheidend. Die persönlichen Farben des Autors führten zur Literarisierung des Reisens, und damit wurde der Sehnsuchtsraum des Reisens für das breitere Publikum eröffnet.

Ibn Battuta (1304-1377), ein muslimischer Gelehrter aus dem marokkanischen Tanger, machte auf seiner Reise nach Mekka ausgiebige Abstecher nach Indien und China und öffnete dabei seinen Seelenraum dem staunenden Lesepublikum. Der Franzose Michel de Montaigne (1533-1581) bewunderte auf seiner Europareise die Schönheit der italienischen Frauen. Die ferne Fremde wurde aber auch ein Stück weit zum Fantasma, zur seelischen Projektion des reisenden Autors. Wahrscheinlich brauchen Sehnsüchte ein Futter aus nicht geerdeten Phantasien. Womit wir schon hinüber zu den Reisesehnsüchten des heutigen Touristen gelangen könnten.

Aber die Philosophie versucht, die Gegenwart aus der Vergangenheit zu verstehen. Welche Triebkräfte sind in unseren Reisesehnsüchten wirksam? Nach der Unterscheidung von Fort-sein und Dort-Sein können wir uns jetzt ganz auf das Zweite konzentrieren, auf das echte Reisen. Das mag Ihnen vielleicht ein wenig elitär vorkommen, aber es gibt nun einmal nur die Geschichte des Reisens und nicht die des Urlaubs. Und selbst wenn es eine Geschichte der Ferien geben sollte, so ist sie gewiss lange nicht so umfassend und interessant wie die Geschichte des Erlebens einer anderen Kultur.

Vielleicht aber ist Ihnen bislang zu viel von Kultur und zu wenig von Natur die Rede. Als Francesco Petrarca (1304-1374) im Jahr 1366 den Mont Ventoux bestieg, da faszinierte ihn die Höhe des

Berges. Auf seinem Weg hinauf begegnet er Bauern, die ihm eifrig davon abraten, weiter zu gehen. Petrarca schlägt die Warnungen in den Wind, er will die bekannte Welt überschreiten. Auf dem Gipfel angekommen, bestaunt er die fernen schneebedeckten Alpen, er imaginiert das mittelländische Meer und die nicht sichtbaren Pyrenäen. Und dann schlägt er Augustinus (354-430) auf, und er liest ein paar Zeilen aus den *Bekenntnissen*, den *Confessiones*. Wie zufällig stößt er auf eine Stelle, in der Augustinus den Wert der inneren Welt über die äußere preist. Die Menschen würden sich in der äußeren Welt verlieren und sich in ihrer eigenen inneren nicht finden, klagt der Kirchenvater Augustinus. Wörtlich heißt es: »*Da gehen die Menschen hin und bestaunen die Gipfel der Berge, die ungeheuren Wogen des Meeres, das gewaltige Strömen der Flüsse, die Größe des Ozeans und die Kreisbahnen der Sterne, aber sich selbst vergessen sie.*« Petrarca fühlt sich auf dem Gipfel des Mont Ventoux wie ermahnt, er hält inne in seiner Naturbetrachtung, findet einen Halt in seinem eigenen Inneren und schreibt seine Erlebnisse der Bergbesteigung nächtens nieder. Vielleicht berichtet hier in dieser Nacht des Jahres 1336 zum ersten Mal überhaupt in der Geschichte des literarischen Schreibens ein Individuum von seinen Gefühlen bei der Naturbetrachtung. Auf jeden Fall beginnt mit Petrarca die Geschichte des Alpinismus. Da öffnet sich nun eine Tür, durch die wir jetzt aber nicht gehen werden, wir bleiben in weniger heroischem Gelände, wir bleiben beim einfachen Wandern durch die Gefilde der Natur.

Und dort schlägt uns Jean Jacques Rousseau (1712-1778) eine Brücke von der Natur zur Kultur auf seinen ausgedehnten Fußreisen durch Savoyen und das nördliche Italien. Der Bürger aus Genf schaut dem Volk aufs Maul und imaginiert dabei die natürliche Tiefe des bäuerlichen Lebens. Wir streifen nun im 18. Jahrhundert umher. Wahrscheinlich ist ihm, Rousseau, auf seinen Landpartien dabei das Ideal des natürlichen Menschen entstanden, der gut sei, weil er die höheren Weihen von Kultur und Wissenschaft noch nicht durchlaufen habe. In seinen Träumereien eines einsamen Spaziergängers schließlich, einem Alterswerk, beschreibt der Philosoph Rousseau, wie in der Natur der Seelenfrieden gewonnen werden kann. Für ihn am Lebensende ein bemerkenswerter Rückzug aus dem umtriebigen weltlichen Leben, das er geführt hatte und das ihm – seiner radikalen Publikationen wegen – die Häscher auf den Hals rücken ließ. Aber auch seine familiären Untaten holten ihn ein, schließlich hatte es sich herumgesprochen, dass er seine fünf Kinder allesamt ins Waisenhaus gesteckt hatte, er, der Autor des Erziehungsromans Emile. Sei es, wie es war – heute tun es ihm die Städter nach, die in der Natur besondere Erlebnisse suchen, Erlebniserwartungen, die von bloßer Entlastung bis hin zu spirituellen Erfahrungen reichen. Das Terrain für das letztere hat der Dichter Friedrich Hölderlin (1770-1843) bereitet mit seinen Schwärmereien über die göttliche Natur, und es sind diese und andere Romantizismen, die aus der Literatur kommend Eingang gefunden haben in den ›Reisesehnsuchtsort Natur‹:

Heute ein ganz großes Thema, das die stilleren Spaziergänger ebenso umtreibt wie die Outdoor-Ausrüster und Trekking-Expeditionsveranstalter. Natur liegt groß im Trend, und damit sind wir schon fast im letzten Teil meiner Ausführungen, in denen es um das bessere Reisen gehen wird.

Aber ich rufe uns noch einmal zurück, um wenigstens noch zwei weitere Triebkräfte unserer Reise-Sehnsüchte kurz zu streifen. Eines der wirkungsmächtigsten Motive des Reisens ist für uns, die wir im deutschsprachigen Kulturraum aufgewachsen sind, ganz gewiss mit dem Namen Johann Wolfgang von Goethe (1749-1832) verbunden. Seine Italienreise gilt als das Tagebuch des reisenden Bildungsbürgers schlechthin. Gleichwohl hat das Motiv des sich durch Reisen bildenden Bürgers eine ältere Wurzel – ich erwähnte schon die Bildungsreisen in der Antike und im Mittelalter. In der Neuzeit waren es vor allem die Engländer und die Franzosen, die ihre Söhne – es waren leider bis auf ganz wenige Ausnahmen nur die Söhne – auf eine Art Bildungsreise durch die Metropolen Europas schickte, auf die sogenannte „Grand Tour". Die Reisenden waren junge Adelige, die sich Weltgewandtheit erwerben sollten, indem sie die fremden Sitten kennenlernten – und bisweilen waren auch ganz handfeste erotische Erwartungen mit im Spiel. Das verbindet überdies die klassische Grand Tour wiederum mit der heute in den westlichen

Industrieländern fast obligatorischen Weltreise nach dem Schulabschluss. In der Abiturreise schwingt aber noch ein anderes Motiv mit, das auf den Dichterfürsten Goethe zurückgeht und das kurz und pointiert gesagt folgendes bedeutet: Im Reisen weitet sich das Individuum, indem es sich Welt aneignet, um dann gereift wieder bei sich anzukommen. Goethe hat dieses Schema zu einer literarischen Gattung ausgearbeitet, dem klassischen Bildungsroman. Weniger die *Italienische Reise* ist hier das stilbildende Dokument als der Roman *Wilhelm Meister*, insbesondere der erste Teil, die *Lehrjahre*.

Besser reisen oder das ›Pentagramm des guten Reisens‹

Zum Glanz des Reisens ist erst einmal genug gesagt. Immer wieder waren schon einzelne Vorstöße in das Gebiet des ›Besser Reisen‹ unternommen worden, und ich hatte meine Mühe damit, uns wieder zurückzurufen ins historische Material. Nun aber möchte ich ein paar Vorschläge wagen, aktuell auf unser Heute bezogen: Wie kann man besser reisen, besser in Hinblick auf die gegenwärtige Weltlage, die uns das Reisen versalzt, besser aber auch in Anlehnung an das einstige Reisen, dem gewiss noch vieles hinzuzufügen wäre. Ganz allgemein möchte ich das ›Besser Reisen‹ als sinnorientiertes Reisen verstehen. Sinnorientiert soll heißen: Reisen als Horizonterweiterung, als Erweiterung menschlicher Möglichkeiten, als interkulturelle Begegnung, als Heimischwerden in der Welt und in der menschlichen Zivilisationsgeschichte. Das sind große Worte, zugegeben, aber ich werde sie jetzt herunterbrechen auf fünf einzelne Punkte, auf das ›Pentagramm des guten Reisens‹. Das Pentagramm besteht aus:

- Entschleunigt reisen
  - Weltliebend reisen
    - Selbsterfahrend reisen
  - Fremderfahrend reisen
- Ressourcenschonend reisen

Entschleunigt reisen: Gewiss haben Sie auch schon die Erfahrung gemacht, dass es nach einem Flug so scheint, als sei die Seele noch nicht angekommen. Seelische Prozesse sind langsam, viel langsamer, als es uns technische Erfindungen ermöglichen, in Kürze einen geografischen und kulturellen Ort zu wechseln. Entschleunigt reisen bedeutet demnach, langsame Verkehrsmittel zu bevorzugen, also den Zug, das Fahrrad oder gar Schusters Leisten. Entschleunigt reisen heißt auch, mehrere Tage an einem Ort zu verweilen, ihn im Rhythmus des dortigen Lebens zu erfahren. Ein Sonntag pulsiert anders als ein Dienstag. Ein zweiter Besuch einer Örtlichkeit lässt anderes geschehen. Erst in Wiederholungen sind wir wirklich angekommen, sind wir dort. Nun leben wir allerdings in Zeiten der Zeitknappheit. Das ist richtig und falsch zugleich. Richtig ist, dass wir Heutigen, wenn wir in moderne Arbeitsprozesse eingespannt sind, weniger Zeit aufwenden können, um abwesend zu sein. Zwei, maximal drei Wochen vielleicht. Früher reiste man monatelang – ja, wie im Falle Alexander von Humboldts, fünf Jahre lang. Trotzdem ist die Klage über Zeitknappheit falsch, denn in der Regel ist es unsere Agenda, die zu lang ist. Wie nachhaltig kann eine Reise sein, deren Tage vollgestopft sind mit Besichtigungsterminen, ohne dass die Psyche das Gesehene verarbeiten kann? Die Fotostrecke wird lang sein, doch die Seele ist davon, von der Quantität des Gesehenen, nicht tief berührt. Es bleiben nur Oberflächenbilder – es sei denn, man überlegt genau, was man sich mental zumuten möchte. Das Verstehen ist ein Prozess, der zeitintensiv ist.

Weltliebend reisen: Wer hat diese Erfahrung nicht auch schon gemacht: Man erzählt jemandem von einem tieferen Reiseerlebnis, ich wähle uns als Beispiel jenen Abend, den ich an der Kante des Grand Canon verbrachte, wo ich der Akustik lauschte. Und ich erzähle gerade davon, wie mir schien, als würden alle Geräusche wie in einem gigantischen großen Loch verschwinden, als könnte ich die Tiefe hören – da sagt mein Gegenüber: „Da war ich auch schon!" Wenn ich meiner Verärgerung Ausdruck geben könnte, so wäre es die konsumistische Beteuerung, die mich da vor den Kopf stößt, nicht immer, aber in einer solchen Situation dann schon, wo es doch um feinstofflichere Wahrnehmung geht und nicht um das

Abhaken von Örtlichkeiten. „Da war ich auch schon!" - die Welt als Menü. Die Welt wird gefressen. Weltliebend reisen wäre dagegen: Die Schönheiten der Natur zu imaginieren, nicht nur betrachten, sondern zu feiern, vielleicht mit einem kleinen Gedicht, das man im Rucksack mit sich führt (Die linden Lüfte sind erwacht ...). Weltliebend reisen wäre: Die Expressivität der Kultur zu würdigen, wie sie sich an einem Kirchenportal zu erkennen gibt oder auch in der Anlage einer Stadt. Oder in der Geruchs- oder Geräuschkulisse, ganz spezifisch, vielleicht hält man einfach einmal sein Ohr hinein wie ein Mikrofon, oder seine Nase. Jede Kultur hat ihre eigene Ausdrucksstärke für ihre Gerüche und Geräusche in den Einkaufsstraßen. Weltliebend reisen bedeutet, zur Welt ein erotisches Verhältnis zu entwickeln, in ihr an Linien, Formen, Farben entlang zu streifen, in den mentalen Welten der Menschen zu lesen, in Gesichtszügen und Körperhaltung ihre Ängste und Hoffnungen zu entziffern; die bereiste Welt nicht nur zu betrachten oder ästhetisch zu genießen, sondern sich mit ihr tiefer zu verbinden, nämlich auf seelische Weise und damit platonisch-erotisch.

Selbsterfahrend reisen: Selbsterfahrung ist das große modische Wort des 20. Jahrhunderts, das auch heute noch glänzt. Ganze Berge von Literatur gelten ihr, und gerade junge Menschen suchen Selbsterfahrungen, besonders intensiv auf Reisen. Ich erkenne hier drei Ebenen: eine geistig-intellektuelle, eine soziale und eine körperlich-sinnliche. Zur geistig-intellektuellen ist schon eine ganze Menge gesagt, deshalb fokussiere ich mich auf die körperlich-sinnliche und die soziale Ebene. Die Welt über die Sinne zu erleben, dafür empfiehlt sich die Rad- oder Wanderreise. Zumal nach einem körperlich anstrengenden Tag auch der Gaumen feinsinnlicher gestimmt ist für das schmackhafte Essen am Abend oder, nach verschwitzter Bergtour endlich auf der Alpenvereinshütte angekommen, das Bier so erfrischend und großartig schmeckt. Den Bogen von der sinnlichen Erfahrung zur sozialen Dimension des selbsterfahrenden Reisens finde ich über den Italienischkurs in der Toskana. Sprachlernend bewegt man sich in einer anderen phonetischen Sphäre wie auch in einer anderen Weltsicht, und so empfehlen Sprachschulen konsequent den Aufenthalt in einer Gastfamilie, wo man gleichsam sozialen Anschauungsunterricht bekommt. Hier gibt es sehr interessante Reiseformate, so etwa die Familienreise zu je einer Woche bei einer israelischen und einer palästinensischen Familie – den politischen Konflikt einmal ganz anders erlebt.

Da bin ich schon beim **fremderfahrend reisen**, ebenfalls eine Ur-Triebfeder des Reisens. Und da die Fremde so viele Aspekte umfasst: Wie wäre es mit dem Vorschlag, sich einen Vormittag lang auf Fotopirsch zu begeben und an einem Thema zu arbeiten? Man fotografiere also – das Thema Datenschutz einmal beiseitegestellt – Personen, wie sie mit ihrem Smartphone telefonieren oder chatten, an den verschiedensten Plätzen. Am Bahnsteig, auf der Rolltreppe in der Shopping Mall, im Park, wo auch immer. Und man lasse sich treiben, immer auf der Suche nach weiteren Motiven drifte man durch die Stadtviertel. Das eingängige Rezept dabei: Man suche sich eine Tätigkeit und verfolge sie in ihren Variationen. Wahrscheinlich gelangt man vom Telefonthema zum Hundethema im Park, um von dort zu einem weiteren Motiv zu gelangen, man erfahre die Fremde also fokussiert auf eine Tätigkeit, auf eine Praxis hin. Was auch immer einem dazu einfallen mag, es ist ein großes exploratives Feld. Fremderfahrend reisen bedeutet deswegen immer auch reisen, als wäre man auf einer Expedition. Und wem die Anregung, mit dem Fotoapparat die Welt zu erkunden, nicht gefällt aus datenrechtlichen Gründen, der versuche es einfach mal akustisch. Lassen sich Städte entlang akustischer Linien erkunden? Man imaginiere einfach, man sei ein Besucher aus einer fernen Ethnie von einer indonesischen Insel, und nun erfährt man den Geräuschteppich einer hiesigen Großstadt. Man reise einfach einmal anders herum, von der Fremde in die Heimat. Ließe sich dabei vielleicht etwas ganz Neues entdecken?

Ressourcenschonend reisen: Hier gilt es, mit eigenem Beispiel voranzugehen wie auch, Reiseanbieter daraufhin zu wählen, inwieweit sie sich ökologischen Standards verpflichtet fühlen. Ist der jeweilige ökologische Fußabdruck im Katalog angeführt? Sind die Flugreisen CO2-kompensiert? Sind sie fair kompensiert, also nicht nur mit 20 Euro pro Tonne? Der reale Preis für die Anpflanzung und Pflege von Bäumen zur Kohlenstoffdioxid-Kompensation liegt übrigens bei 400 Euro pro Tonne CO2 – das würde Flugpreise glatt verdoppeln. Achtung also vor Greenwashing! Wie behandeln die Agenturen die Problematik der Zubringerflüge? Bieten sie dafür Zugverbindungen an? Erfüllen die Hotels die Standards? Sich selbst mag man fragen, ob eine Antarktis-Kreuzfahrt wirklich im Interesse der Natur liegen kann. Ich denke, man kommt sehr schnell zum Schluss, dass sie mir einzigartige Erlebnisse ermöglicht, dass ich aber kaum in der Lage sein werde, meine Bereicherung wieder produktiv zurück in die Welt zu tragen. Vielleicht werde ich mich anschließend einer Umweltgruppe anschließen, das wäre noch die beste aller Varianten. Doch die anderen Varianten lassen überwiegend eine mehr oder weniger eklatante Schieflage zwischen Eigenerlebnis und zivilisatorischem Mehrwert erkennen. Generell ist das Thema ressourcenschonend Reisen ein schwieriges und zur Zeit unlösbares Thema. Dem Schlechteren – sprich: Ressourcenverbrauch – sollte dabei stets ein Besseres – sprich: Rückfluss von Reiseerfahrungen in den kulturellen Kreislauf – zur Seite gestellt werden können. Oder anders, in sozialen Kategorien gesprochen: Die individuelle Freude sollte auch das soziale Wir bereichern können. Das kann aufwändig gemacht werden wie im Falle einer Publikation, es kann aber auch ganz unspektakulär geschehen wie durch eine Spur der Erzählung, die wir in unserem sozialen Umfeld hinterlassen.

Ressourcenschonend reisen ist also nicht ganz einfach – Sie spüren gewiss, wie unbefriedigend mein Vorschlag eines Kreislaufsystems ist, bei dem an dem einen Ende Rohstoffressourcen verbraucht werden, und am anderen Ende kommen dann ein paar schöne Einsichten über Land und Leute, bestenfalls über das sinnvolle oder gelingende Leben heraus. Letztlich, wenn ich Ihnen eine unverblümte Antwort geben soll, wie zukünftig gereist werden kann oder sollte, dann glaube ich allerdings, dass die menschliche Einsicht in die ökologischen Fakten kaum zu einer Umkehr im Konsumverhalten führen wird. Ich setze daher eher auf die Kraft von Gesetzen, aber das wäre ein anderes Thema. Lassen Sie mich am Ende noch etwas zu den ökologischen Fakten des Reisens sagen.

Ökologische Fakten des Reisens und die Vision
eines neuen Narrativs

Besser reisen ist das Gebot der Stunde angesichts des Klimawandels und des Artensterbens. Denn die Ökobilanz des Tourismus ist verstörend. Zwar entfallen weltweit auf den Tourismus nach Schätzungen des WWF nur etwa fünf Prozent der Emissionen. Aber diese Zahl müsste man um ein Vielfaches multiplizieren, wollte man allen Erdenbürgern denselben touristischen Ressourcenverbrauch zubilligen, wie ihn die reisefreudigen Zivilisationen für sich vereinnahmen. Wie urlaubssüchtig die Europäer sind, das zeigen jedes Jahr zu Ferienbeginn die Staus auf den Autobahnen. Siebentausend Kilometer waren es allein in Deutschland im Jahr 2017. Weltweit könnte man alle gestauten Autos mehrspurig auf einer fiktiven Autobahn bis zur Sonne parken, berechnet auf das gesamte Verkehrsaufkommen in einem Jahr, aber das umgreift den gesamten Verkehr auf unserem Planeten. Um wieder auf den Tourismus zurückzukommen: Auf Mallorca wurden 2018 etwa 220.000 Flugbewegungen gezählt, das sind durchschnittlich etwa 600 täglich. Zählt man pro Flugzeug etwa 200 Passagiere, so fliegen dort pro Tag 80.000 Gäste ein und aus. Würde man alle diese Gäste in eine Reihe stellen und sie coronabedingt einen 1,5 Meter langen Abstand wahren lassen, käme man auf eine Schlange von 160 Kilometern, und das allein – pro Tag! Wie lang wäre also die Schlange in einem Monat? In einer ganzen Saison? Ich will Sie nicht weiter mit solchen Veranschaulichungen langweilen, zudem sind es auch ein wenig windige Berechnungen, das gebe ich gern zu – aber das Fazit ist klar: Es ist einfach zuviel. Es muss weniger werden. Unser Planet ist erschöpft.

Das Verzichten fällt unserer Spezies aber schwer. Deshalb kommt es darauf an, das Verzichten positiv umzudeuten. Im Ernährungsbereich ist das schon gelungen mit dem sympathischen Label des Veganen, das erfolgreich in die Speisekarten der Restaurants Einzug gehalten hat. Für den Tourismus braucht es ebenfalls ansprechende und wirkungsvolle neue Narrative. ›Miles and More‹

gehören in die Mottenkiste, ebenso ›Weg.de‹ mit all seinen Alliierten aus dem Billigsektor. Die Liste ist lang, und es hieße jetzt, falsch abzubiegen, wollten wir die Sündenkartei vervollständigen. Da könnte ich durchaus noch nachladen mit der Anzahl der Hotelübernachtungen, der Tonnen von Waschpulver und Plastikschälchen am morgendlichen Frühstücksbuffet. Die Klageliste ist lang. Doch innovativer ist allemal das Positive. Und was wäre positiver, als nun, ganz am Ende meiner Ausführungen, den Glanz des Reisens noch einmal zu beschwören? Dort nämlich, wenn irgendwo, wäre das wirkungsvolle neue Narrativ des Verzichts zu finden. Es handelte keinesfalls vom Verzicht aufs Reisen, es würde uns aber dazu auffordern, verantwortungsvoller mit der Umwelt umzugehen, mit einer Umwelt, die man doch besser eine Mitwelt nennen sollte. Es wäre auch ein Narrativ, wenn ich dieses ausgelaugte Wort noch einmal verwenden darf, das uns dazu aufforderte, verantwortungsvoller mit uns selbst umzugehen. Lassen Sie uns am Ende darauf noch eine Vision versuchen, und ich gehe zu ihr auf die Suche mit einer Frage: Was wäre eine Menschheit, die sich das Reisen verbieten würde? Aus ökologischen Vernunftgründen verböte?

»Wenn das Streben nach Glück unser Leben beherrscht, erschließen uns vielleicht nur wenige unserer Handlungen soviel über die Dynamik dieser Suche – mit all ihrer Inbrunst und ihren Paradoxien – wie die Reisen, die wir unternehmen«, schreibt der Philosoph Alain de Botton in seinem Buch Kunst des Reisens. Im Klartext: Schlagen wir unsere Reisen wie ein Buch vor uns auf, dann lesen wir darin die Schriften unserer Sehnsüchte.

Kaum eine Reise verläuft so wie erwartet. Und wenn doch, dann wäre es keine Reise. Die Abweichungen, das Unverhoffte, die Pannen, und ja, sogar die Enttäuschungen machen eine Reise erst zur Reise. Ähnlich liegen die Dinge wohl auch beim Glück. Man strebt danach, malt sich Bilder aus, doch dann kommt es auf einem Seitenpfad und sieht ganz anders aus. Aber sie fühlt sich echt an, diese Welle Wonne, Evidenzen bedürfen keiner Prüfung und schon gar nicht eines Vergleichs mit den Versprechungen aus dem Reiseprospekt.

Auch auf Reisen ist jeder noch seines eigenen Glückes Schmied. Ein Patentrezept dafür gibt es nicht, vielleicht aber doch einen kleinsten gemeinsamen Nenner: Die Bereitschaft, sich von seinen Erwartungen zu lösen und sich dem Dort-Sein zu öffnen, gehört ebenso dazu wie auch das Vermögen, nicht gleich den nächsten Schritt zu bedenken.

Sich im Urteilen zurückzuhalten, Welt einzuatmen, Blicke einzufangen, fremdes Leben zu erkunden, dem Regen zu lauschen und andere Möglichkeiten zu erwägen. Oder einfach nur wie auf ruhiger Erholungsreise mit den Seinen sein, Zeit für die Kinder zu haben, für Partner und Freunde, die eigene Mitte finden. Wie auch immer, es gibt viele Finger, die man ins Dasein stecken kann. Das Reisen ist einer davon. Seine Kunst besteht darin, sich dem Leben zu öffnen.

Robert Menasse

Die Zukunft der Europäischen Union

> *„Wenn die Welt ein großer Tanzsaal ist, dann halten alle,*
> *die die Musik nicht hören, die Tanzenden für wahnsinnig."*
>
> Gerhard Fritsch

Wie können, wollen oder müssen wir uns die Zukunft der Europäischen Union vorstellen? Zu dieser Frage habe ich zwei Vorträge geschrieben, einen optimistischen und einen pessimistischen. Welchen wollen Sie hören? Beziehungsweise wenn Sie ein Gesamtbild haben wollen, welchen wollen Sie zuerst hören?

Sie kennen sicher diese Ärztewitze, die auf diesem Prinzip aufgebaut sind. Arzt zum Patienten: Ich habe eine gute und eine schlechte Nachricht für Sie. Welche wollen Sie zuerst hören? In diesen Witzen antwortet der Patient in der Regel: Bitte zuerst die gute Nachricht, Herr Doktor. Das Kalkül des Patienten ist natürlich, dass die gute Nachricht so gut ist, dass er dann die schlechte besser verkraftet. Aber die Pointe ist dann, dass die gute Nachricht nur scheinbar gut, die schlechte aber niederschmetternd ist. Und so nähern wir uns bereits der Europa-Frage.

Der Philosoph Slavoj Žižek, der berühmteste Hegelianer unserer Zeit, hat einmal am Beispiel der Struktur dieser Ärztewitze das Funktionieren der Hegel'schen Dialektik erklärt. Gute und schlechte Nachricht sind These und Antithese. Die Synthese muss sich jetzt darin erweisen, dass beide in einem und demselben Satz aufgehoben werden, und das geht zum Beispiel so: Der Arzt sagt zum Patienten, ich habe eine gute und eine schlechte Nachricht und sagt dann beide mit einem Satz: Unsere Untersuchungen haben ergeben, dass wir einen Verdacht völlig ausschließen und mit Sicherheit sagen können, Sie sind kein Hypochonder.

Und genauso kann man einen optimistischen und pessimistischen Befund über den Zustand und die Perspektive der Europäischen Union in einem Satz zusammenfassen. Der Satz lautet: Die EU entwickelt sich fort. Im Grunde ist damit alles gesagt, eine Befürchtung ist ausgeräumt und eine wirkliche Bedrohung elegant umschrieben. Im Folgenden will ich Ihnen das im Detail auseinandersetzen.

Dass sich die EU fortentwickelt, scheint eine gute Nachricht zu sein, nach den Jahren des Stillstands, in denen das Haus Europa den Eindruck eines Rohbaus gemacht hatte, an dem die Arbeit eingestellt worden war. Das Haus war bezogen, die Räumlichkeiten eingeteilt, aber der weniger als halbfertige Zustand gab regelmäßig, geradezu rituell Anlass zur Kritik an der Architektur, allerdings ohne davon die logische Einsicht abzuleiten, dass die Bauarbeiten eben weitergeführt werden müssen.

Im Gegenteil, was auch immer nur schlecht oder gar nicht funktionierte, wurde als Beweis dafür gesehen, dass der Plan schlecht sei und die Idee eines gemeinsamen Hauses nicht funktionieren könne. Bei Hausversammlungen bekamen die Parteien wachsenden Zuspruch, die über einen Auszug nachdachten oder zumindest für einen Rückbau plädierten. Das war die Zeit, man kann sagen, die lange deutsche Kanzlerschaft von Angela Merkel, in der Politiker, die sich nur darum kümmerten, dass der Rohbau nicht einstürzte, bereits als vorbildliche Proeuropäer und als europapolitische Pragmatiker gefeiert wurden.

Es war ein systemischer Zustand, vergleichbar dem, den Robert Musil im Mann ohne Eigenschaften am Beispiel Österreich-Ungarn mit den Worten bezeichnet hatte, dass der Vielvölkerstaat nur noch selbst irgendwie mitmachte. Die Verwaltung des Stillstands war seine ganze Balance.

Wir wissen, wie das damals mit dem österreichischen Vielvölkerstaat ausgegangen ist, weshalb all jene, die mit Hirn und Herz Europäer sind, Angst bekamen, so sie nicht lethargisch wurden.

Dann kamen die großen Krisen, die klarmachten, dass es bei Gefahr des sonstigen Untergangs nicht mehr genügte, sich nur noch irgendwie selbst mitzumachen, sondern dass jetzt doch Entscheidungen getroffen werden mussten, die einer europäischen Gemeinschaftspoiltik mehr Möglichkeiten gaben, einer Gemeinschaftspolitik, die davor von den Mitgliedstaaten blockiert worden war, weil sie darin einen zu weit gehenden Eingriff in nationale Souveränitätsrechte gesehen hatten.

Sie erinnern sich, die Finanzkrise, die Haushalts- und Schuldenkrise einiger EU-Mitgliedstaaten, vor allem Griechenlands, die sogenannte Flüchtlingskrise, dann noch die Covid-Pandemie, der russische Aggressionskrieg gegen die Ukraine, und – wie man immer wieder betont – gegen die europäischen Werte, die Handelskrise durch die Unterbrechung der Lieferketten, die Energiekrise und die bis vor kurzem unvorstellbar hohe Inflation, und zugleich, lange Zeit verdrängt und ignoriert, aber immer dramatischer in ihren Auswirkungen sichtbar: die Klimakrise. Konfrontiert mit all diesen Krisen, jede für sich eine große Herausforderung, sie alle zusammen eine dramatische Bedrohung, reichte es nicht mehr, den Status quo zu verwalten und sich im mühsamen Ausgleich sogenannter nationaler Interessen zu erschöpfen und schon dies Europapolitik zu nennen. Die EU musste sich jetzt bewegen, sich weiterentwickeln, die Möglichkeiten von Gemeinschaftspolitik ausbauen, um diese Krisen managen zu können, mit denen kein einziger Mitgliedstaat bei Wahrung seiner nationalen Souveränität alleine fertig werden könnte.

Diese Krisen zeigten das Rohe, das Halbfertige, das buchstäblich Beschränkte des europäischen Projekts, mit dem die Nationalstaaten die längste Zeit geglaubt hatten, weiter leben zu können. Aber diese Krisen, eine nach der anderen, führten immer wieder aufs Neue vor, dass das nicht funktioniert, z.B. die globale Finanzkrise. Die Union hatte sich zu einer gemeinsamen Währung auf dem gemeinsamen Markt durchgerungen, aber sie hatte sich nicht auf eine gemeinsame Finanzpolitik einigen können. Das hatten die nationalen Regierungen, die nationalen Finanzminister nicht zugelassen. Die heilige nationale Souveränität.

Die Flüchtlingskrise. Die Union hatte die Binnengrenzen im Schengenraum abgeschafft, aber der gemeinsame Schutz der Außengrenzen konnte nicht organisiert werden, es hätte in nationale Rechte eingegriffen. EU-Bürger haben in der ganzen Union Niederlassungsfreiheit und Arbeitserlaubnis, aber eine gemeinsame europäische Asyl- und Migrationspolitik wurde von den Mitgliedstaaten blockiert. Das konnte man nationalen Wählern nicht verkaufen. Aber was ist, wenn sie trotzdem kommen, Flüchtlinge und Migranten? Dann bricht Chaos aus. Ein Chaos, das in dieser großen

Ordnung, wie wir es erlebt haben, nur entsteht, weil jeder Nationalstaat macht was er will, ohne verbindliches gemeinsames Regel-
werk, ohne gemeinsamen Rechtszustand.

Denken Sie an die Haushaltskrise. Auf einem gemeinsamen Markt
mit gemeinsamer Währung national zu bilanzieren und National-
ökonomen zu Oberrichtern über die europäische Wirschaftsleistung
zu erklären, ist ein so grotesker Unsinn, dass die Schulden
Griechenlands in der Höhe von 0,2 Prozent des Bruttosozialprodukts
Europas beinahe zum Konkurs von Griechenland, dem Zerbrechen
der Union und zum Absturz des Euro geführt hätten. 0,2 Prozent!

Die Pandemie. Wie ideologisch verblendet und populistisch
müssen nationale Staatenführer sein, wenn sie unbedingt in tägli-
chen Pressekonferenzen erklären wollen, dass sie das Management
der Pandemie und die Impfstoffbeschaffung besser meistern als die
Regierungen anderer europäischer Staaten, die natürlich in ihren
Pressekonferenzen dasselbe für sich behaupten. Welchem EU-Bürger ist damit gedient, dass seine Gesundheit zum Spielball politischer nationaler Konkurrenz wird. Und ist einem denkenden Gemüt
einsichtig zu machen, dass innerhalb Europas von manchen Staaten
die Grenzen geschlossen und Grenzkontrollen eingeführt wurden,
so als könnte man ein Virus an nationalen Grenzen abhalten.

Dies alles wurde schmerzhaft klar, und so mancher nationale
Politiker musste schließlich über seinen Schatten springen, diesen
langen Schatten aus finsteren Zeiten. Und die Union konnte
weiterreichende Gemeinschaftsentscheidungen treffen, die davor
undenkbar gewesen waren, zum Beispiel den gemeinsamen Einkauf
von Impfstoffen.

Der Krieg in der Ukraine hat dazu geführt, dass endlich über
eine gemeinsame europäische Sicherheitsarchitektur diskutiert
wird. Immerhin diskutiert. Die Idee, ich möchte sagen die Einsicht
in die Notwendigkeit, gibt es seit 1950, als der französische
Ministerpräsident René Pleven vorschlug, eine europäische Armee
und ein europäisches Verteidigungsministerium zu schaffen.
Seither gab es für diesen Plan regelmäßige Umbenennungen, aber
keinen signifikanten Fortschritt in der Umsetzung. Der Plan wurde
höchstens von einem Regal in der Abstellkammer auf ein anderes

Regal gelegt. Und die NATO-Beitritte von EU-Mitgliedstaaten schienen jede weitere Diskussion obsolet zu machen. Es ist nüchtern betrachtet schwer zu verstehen, dass sich europäische Staaten lieber einzeln unter US-Oberbefehl begeben als ein souveränes europäisches Sicherheits- und Verteidigungssystem aufzubauen. Aber das kommt jetzt in Bewegung, da ist in wenigen Wochen mehr geschehen als davor in Jahrzehnten.

Die Inflation. Nationale Finanzminister, die lieber zugeschaut hätten, wie ein Mitgliedstaat der Europäischen Union bankrott geht und sein Bildungssystem, sein Gesundheitssystem und sein Sozialsystem nicht mehr bezahlen kann, Finanzminister, die dem lieber zugeschaut hätten als einer gemeinschaftlichen Schuldenpolitik zuzustimmen und die die niedrige Inflation in ihren Nationalstaaten für die Leistung nationaler Finanzpolitik hielten, bettteln jetzt auf Knien, dass die Europäische Zentralbank bitte regulierend eingreifen soll. Eben die Europäische Zentralbank, die von den nationalen Finanzministern zuvor höchstens als eine Art Beobachter akzeptiert wurde. Sogar in Hinblick auf Deregulierung, Verringerung der CO_2-Emissionen und Ausstieg aus der fossilen Energie wurden jüngst Beschlüsse gefasst, die vor kurzem noch undenkbar waren.

Ja, meine Damen und Herren, die Union entwickelt sich fort: nicht so konsequent, wie es möglich gewesen wäre, nicht so radikal, wie es notwendig sein wird, aber sie entwickelt sich fort. Und so stehen wir heute da, auf halben Weg, mit halber Tat und halben Mitteln, die wir aber davor gar nicht gehabt haben. Das ist die gute Nachricht. Man kann auch sagen, alle Befunde belegen eindeutig, dass der Patient kein Hypochonder ist. Die schlechte Nachricht ist, die EU entwickelt sich fort, weit fort vom Zauber der Anfänge, fort von den Ideen und Idealen der Gründergeneration, fort von der hellsichtigen konkreten Utopie des europäischen Einigungsprojekts, an der zunächst zäh und geduldig Schritt für Schritt gearbeitet worden war, etwa bis zum Ende der Kommissionspräsidentschaft von Jacques Delors.

Blicken wir kurz zurück, um zu verstehen, woher wir heutigen Europäer kommen und wovon wir uns fortentwickeln, immer weiter fort. Die Gründerväter des europäischen Einigungsprojekts hatten ihre Erfahrungen, sie zogen eine Lehre daraus und entwickelten eine so kühne wie pragmatische Vision. Die Erfahrung war: Der Nationalismus, die Konkurrenz der Nationalstaaten um Territorium, Rohstoffe, Einflusssphären und Märkte hatte zu den zwei grausamsten Kriegen der Geschichte, zu den größten Menschheitsverbrechen und zu furchtbarem Leid und Misere der europäischen Bevölkerung geführt. Die Lehre daraus war, der Nationalismus muss überwunden werden, es darf nicht mehr möglich sein, dass ein Land sich über andere erhebt und gegen andere aufrüstet, und die Vision: Die Ökonomien der Staaten, die an diesem Projekt teilnehmen, so zu verflechten, dass keiner etwas gegen einen anderen unternehmen kann, ohne sich dadurch selbst zu schaden. Und in der Folge: immer mehr nationale Souveränitätsrechte in Gemeinschaftsrecht, nationale Politiken in Gemeinschaftspolitik überzuführen und schließlich etwas völlig Neues zu schaffen, das aber der logische nächste Schritt in der Demokratiegeschichte wäre, nämlich eine nachnationale europäische Demokratie.

Und das geht, wie die Gründerväter auch wussten, wie jede große Vision nur in kleinen Schritten. Aber was möglich ist, zeigt sich, wenn man planvoll den ersten Schritt macht, bewusst den nächsten kleinen Schritt, konsequent weitere Schritte, konsequent weitere Schritte. Und tatsächlich hat dann die Idee weiter getragen, als sie sich zu Beginn viele vorstellen haben können, von nationalen Märkten zum Binnenmarkt, von nationalen Währungen zur gemeinsamen Währung, von nationalen Grenzen zum Schengenraum, von nationalen Universitäten zum ERASMUS-Raum, und nicht zuletzt zur Entwicklung eines gemeinsamen europäischen Parlaments.

Die Gegenwart und die Probleme ihrer Gewordenheit zu begreifen, aus der Geschichte Lehren zu ziehen, davon eine pragmatische und nachhaltige Zukunftsvision abzuleiten und widersprüchliche Interessen in demokratischen Strukturen so zu vermitteln, dass Schritt für Schritt gangbar wird. Sollte Politik nicht grundsätzlich so funktionieren? Ich denke schon. Wer will dem auch widersprechen? Zuviele, leider viel zu viele. Es setzen sich wieder Geschichtsvergessenheit und Visionslosigkeit durch. Warum dieser Schub der Renationalisierung, den wir gegenwärtig erleben? Selbst Länder, die als pro-europäisch gelten, also Motoren der europäischen Entwicklung, setzen verstärkt auf Renationalisierung, auf Verteidigung sogenannter nationaler Interessen, die übrigens immer nur die Interessen nationaler Eliten sind, und auf Kompromisse, die in Wahrheit Blockaden sind. Geschichte wird durch Mythen ersetzt, Lehren daraus durch ideologische Parolen und Phrasen, und Visionen sind nichts anderes mehr als Marketingmaßnahmen, mit denen versucht wird, aus volatilen Stimmungen der nationalen Wähler bei der nächsten Wahl möglichst viele Stimmen zu gewinnen. Warum dieser Backlash? Warum gibt es keinen Kommissionspräsidenten mehr wie Jacques Delors, keine Parlamentspräsidentin wie Simone Veil, warum keine europäischen Staatenführer, die bereit sind, nationale Souveränität zugunsten eines starken, souveränen Europas aufzugeben, wie es das Gebot der Stunde wäre. Bei europäischer Finanzpolitik, Verteidigungs- und Sicherheitspolitik, vor allem bei Energie- und Umweltpolitik.

Warum verstehen demokratisch gewählte Staatenführer und viele ihrer Wähler nicht, dass es in einem demokratischen Europa um die Souveränität der Bürger geht und nicht um die Souveränität von Nationen? Jeder hantiert mit Begriffen einer alten Welt, unbrauchbar zur Bewältigung gegenwärtiger Krisen und unbrauchbar für die Gestaltung der Zukunft. Wachstum, Standort, Konkurrenz, BIP, nationale Interessen, nationaler Haushalt, und jeder will das Seine, und am Schluss haben wir alle nichts.

Sie halten sich für Realisten, sie halten sich für Pragmatiker, aber sie sind Totengräber. Realisten und Pragmatiker nämlich waren die Männer und Frauen, die das Fundament für ein gemeinsames Europa gelegt haben, in Kenntnis der Geschichte, im Bewusstsein der Gewordenheit ihrer Zeitgenossenschaft und mit einer nachhaltigen Vision.

Meine Damen und Herren, „Niemals vergessen“ ist heute eine Phrase geworden. Aber es lohnt doch daran zu erinnern, was wir vergessen, auch wenn wir reinsten Herzens „Niemals vergessen“ sagen. Die beiden Weltkriege waren zunächst europäische Bürgerkriege. Davor gab es ein Europa, in dem Grenzen, wie Heinrich Mann schrieb, bloß eine Redensart waren. Nationale Pässe und Passkontrollen wurden erst im Ersten Weltkrieg eingeführt. Die Habsburgermonarchie war ein sogenannter Vielvölkerstaat, ohne Nationsidee und ohne eine Nationswerdung zu beabsichtigen. Und sie schuf einen gemeinsamen Markt, eine gemeinsame Währung, eine gemeinsame Verwaltung und einen gemeinsamen Rechtszustand.

Der Zusammenbruch des Vielvölkerstaats beweist nicht, dass ein solcher nicht funktionieren kann, sondern er beweist nur, dass er sich entwickeln muss und nicht zuschauen darf, wenn Nationalisten gegen ihn arbeiten ... bis sie ihn in die Luft gesprengt haben. Es lohnt auch daran zu erinnern, dass alle kleinen Nationen, die daraufhin nach dem Zusammenbruch der Habsburgermonarchie aus ihr herausgebrochen wurden und als Nationen gebildet wurden, in der Folge wehrlos waren gegenüber den sogenannten Stürmen der Geschichte und nichts anderes erlebten als Krieg, Bürgerkrieg, Besatzung, Misere, Terror und Willkürherrschaft. Freiheit, Rechtszustand und wachsenden Wohlstand erlebten all die kleinen Nationen erst als sie in die nachnationale Entwicklung der Europäischen Union eintraten.

Wir sollten niemals vergessen, dass das Vorkriegseuropa und der zweite 30-jährige Krieg (1914-1945) die europäische Bildung der Generationen darstellte, die danach das Fundament des europäischen Friedensprojekts legten, weil sie die Ursachen der Zerstörung verstanden hatten. Sie sind nicht mehr unter uns, sie haben uns ihre Leistungen vererbt, aber leider nicht ihre Einsicht, dass es keine Rückkehr in den Nationalstaat als Grundlage der politischen Organisation Europas geben darf.

Margaret Thatchers berühmte Rede 1988 vor dem Europakolleg in Brügge, die viele Europäer als kalte Dusche erlebten, führte noch nicht zu einem Bruch im Institutionengefüge der EU und zu einem Backlash der integrativen Entwicklung der EU, und Jacques Delors war damals noch Kommissionspräsident, sondern sie führte bloß zu einer elastischeren Interpretation der EU-Verträge ausschließlich in Hinblick auf das Vereinigte Königreich, das auf Opt-out Möglichkeiten bestand und sie auch bekam. Der große Bruch, das große Vergessen, der dramatische Backlash folgte in der programmatischen Rede von Angela Merkel vor dem Europakolleg in Brügge im Jahr 2010. In dieser Rede wandte sich Merkel gegen die Gemeinschaftsmethode, verteidigte die Souveränität der Nationalstaaten und plädierte für eine Entscheidungsfindung in europäischen Fragen durch einen Ausgleich von nationalen Interessen durch eine Politik des kleinsten gemeinsamen Nenners.

Nun ist der kleinste gemeinsamen Nenner – vor allem wenn ein Land alleine genügt, um ein Veto einzulegen – der Stillstand, und sei es, wie sich dann zeigte, durch die Entmachtung jener, deren Aufgabe es war, die Entwicklung der europäischen Einigung weiterzutreiben, das heißt, die Europäische Kommission wurde degradiert und der Rat der Europäischen Staats- und Regierungschefs zur höchsten und letztentscheidenden Instanz erklärt. Das ist allerdings NICHT von bzw. mit den EU-Verträgen abgedeckt. Der Rat beansprucht also eine Funktion, die in den Vertragen, und zwar konkret Artikel 15 EUV, sogar untersagt ist, nämlich die eines „Supergesetzgebers" vorbei an Kommission und Parlament, wobei dieser Supergesetzgeber zu einem Forum der Blockade und Verzögerung wurde, weil er sich darauf fixierte, nationale Interessen zu prüfen und zu vergleichen.

Ein Europa, das sich dieser willkürlichen Organisationsform unterwirft, stellt eine Rückkehr zu souveränen Nationalstaaten dar und basiert auf der einfachen Zusammenarbeit zwischen Staaten, und wie Angela Merkel es formulierte, sofern diese kooperieren wollen. Der Begriff Zusammenarbeit hat seither systematisch den Begriff Integration ersetzt.

Auf diese Weise wird jeder Plan der Europäischen Kommission, der eine Fortentwicklung der EU wäre, durch eine Ratsentscheidung, die eine Fortentwicklung fort vom ursprünglichen Gemeinschaftsgedanken ist, aufgehoben.

Ausstieg aus der fossilen Energie? Ja klar, aber mit der bekanntlich „grünen" polnischen Kohle und mit dem blutroten russischen Gas und mit mehr nationalen Ausnahmen als in gemeinsamer Anstrengung. Und überhaupt sollten Umweltstandards und dieses Gerede über Nachhaltigkeit nicht die Wettbewerbsfähigkeit mit China gefährden. Wer heute von Standort spricht, spricht nicht mehr von einem Lebensort. Und das ist auch eine Fortentwicklung.

Europäische Finanzpolitik? Ja, natürlich, aber mit nationalen Kriterien, abgeleitet von Theorien, die eine nachnationale Währung wie den Euro noch gar nicht kannten.

Gemeinsame Sicherheitspolitik? Klar doch, aber auf dem Schoß der NATO, gemäß den Interessen nationaler Rüstungskonzerne, zum Beispiel der deutschen, die das NATO-Mitglied Griechenland aufrüsten gegen das NATO-Mitglied Türkei, um dann zu fordern, dass die griechische Regierung den Sozialstaat bitte abbauen möge, um die Schulden für die Aufrüstung bezahlen zu können, worauf sich die griechischen Bürger sehr, sehr sicher fühlen. Während die Türkei mit Kampfjets in den griechischen Luftraum eindringt, weil sie (die Türkei) sich durch amerikanische Militärstützpunkte auf Rhodos und Kos bedroht fühlt, worauf das Außenministerium in Athen von einer beispiellosen Verletzung der nationalen Souveränität Griechenlands spricht und jetzt dringend Abfangjäger braucht. NATO-Abfangjäger gegen NATO-Kampfjets. Aber in die Auseinandersetzung mit einem Aggressor von außen will die EU nicht hineingezogen werden. Das ist natürlich verständlich. Aber diese Selbstverständlichkeit ohne Plan und ohne Mittel und Einigkeit ist keine Sicherheitsarchitektur, sondern bloß ein löchriger Baldachin.

Ein Friedensprojekt, wie die EU sich nennt, muss Frieden auf europäischen Boden verteidigen können, und ich meine damit nicht, dass die NATO-Mitglieder der europäischen Mitgliedstaaten in den Krieg gegen Russland eintreten sollen, ich meine damit, dass es erbärmlich und, ja, furchterregend ist, dass die EU keine Mittel und Möglichkeiten entwickelt hat und sich zu entwickeln anschickt und daher zur Verfügung hat, die man als wehrhafte Friedenspolitik bezeichnen kann, wozu vielleicht auch eine wirksame Abschreckung gehört, statt ängstlich erpressbar zu sein.

Krieg auf europäischem Boden: Wie lange ist der jugoslawische Bürgerkrieg her?

Damals gab es als einzige Reaktion NATO-Bomben ohne UNO-Mandat auf Belgrad. Im Übrigen haben europäische Außenminister kriegsgeile Kiebitze händereibend und wie Karikaturen aus den letzten Tagen der Menschheit – Serbien muss sterbien – zugeschaut, wie Jugoslawien in kleine Nationalstaaten zerbrach, die dann nach und nach, in das nachnationale Projekt der EU aufgenommen wurden. Hätte man danach über das Geschehene diskutiert, aus den so grotesken wie tragischen Fehlern gelernt und Gemeinschaftsbeschlüsse gefasst, dann wäre die EU in der heutigen Situation .... ja was? Es war ja nicht möglich, weil sich seither das Gewicht in der EU zugunsten der nationalen Staats- und Regierungschefs verschoben hat.

Europäische Bürgerinnen und Bürger haben Niederlassungsfreiheit und Arbeitsbewilligungen in allen Ländern der EU. Das war ein großer Fortschritt. Aber sie haben keine gemeinsame Sozialversicherung, denn es muss ja die Einwanderung in nationale Sozialsysteme vermieden werden. Und ich spreche jetzt nicht von sogenannten Wirtschaftsflüchtlingen aus Afrika, sondern von Europäern. Europäer sollen in Europa nicht einwandern: Das versteht nur ein Nationalist.

Es gibt Arbeitsfreiheit für Europäer in ganz Europa, aber keine europäische Arbeitslosenversicherung. Europäer, die außerhalb ihrer Herkunftsnation in Europa arbeiten und Steuern zahlen, dürfen dort nicht wählen – zum „Schutz" der nationalen Demokratie. Demokratie? In manchen Ländern dürfen sie nicht einmal bei der Europawahl ihre Stimme abgeben, dazu müssten sie heimreisen, wo sie nicht arbeiten und nicht Steuern zahlen. Wir dürfen eine europäische Volksvertretung wählen, aber nur auf der Basis von nationalen Listen.

Als Europäer kann zum Beispiel ein Österreicher in Madrid studieren. Wenn er dort eine Erasmus-Studentin aus der Tschechischen Republik kennenlernt, die beiden sich verlieben und ein Kind bekommen, dann streiten sich drei Nationen darum, wer das Kindergeld bezahlen bzw. besser gesagt nicht bezahlen muss. Ist die Nationalität der Mutter, die Nationalität des Vaters oder die Nationalität des Geburtsorts maßgeblich? Wenn das Kind in die Schule kommt, ist vielleicht eine Entscheidung gefallen. Im Europa der Nationen ist eine europäische Biografie eigentlich bedrohlich.

Das Europa der Zusammenarbeit, wie Angela Merkel es gefordert und durchgesetzt hat, ist durch das nachgerade buddhistische Aussitzen von Problemen vor dem Zusammenbruch bewahrt worden. Aber als wir in die Phase der multiplen, sich überlappenden, immer bedrohlicheren Krisen kamen, zeigte sich, dass genau dadurch verhindert wurde, dass dieses Europa funktioniert.

Ja, Europa entwickelt sich fort. Es ist heute konfrontiert mit multiplen Krisen, ein bisschen mehr möglich als vor zehn Jahren, aber es entwickelt sich fort von seiner Idee und von seinen grundsätzlichen Notwendigkeiten.

Ich sollte über die Zukunft Europas sprechen. Meine Damen und Herren, ich bin kein Hellseher, aber wenn Sie bereit sind, sich daran zu erinnern, was wir niemals vergessen sollten, und wenn Sie sich die Aporien des Widerspruchs zwischen Fortentwicklung und Weiterentwicklung an einer Fülle von Beispielen genau anschauen, dann können Sie doch selbst einiges davon ableiten und hochrechnen. Dann werden Sie selbst zu Hellsehern.

Folgendes glaube ich allerdings vorhersagen zu können. Wenn die Nationalisten Europa ein weiteres Mal in die Luft sprengen sollten, dann werden wir ganz betroffen vor rauchenden Trümmern stehen, verzweifelt in Elend und Misere, und dann wird man ganz sicher sagen: Das soll nie wieder geschehen dürfen. Man wird ganz sicher sagen: Niemals vergessen. Man wird sagen: Jetzt ist es an der Zeit, geläutert, einsichtig und visionär ein neues, friedliches Europa aufzubauen. Aber, meine Damen und Herren, warum nicht gleich?

Wir sollten weitergehen statt fortentwickeln, denn das Europa, das sich fortentwickelt, ist eine scheinbar gute und schlechte Nachricht.

Mein optimistisches Fazit lautet: Das europäische Einigungsprojekt ist aus der größten Krise Europas heraus entstanden, und es hat sich immer wieder in großen Krisen weiterentwickelt. Warum sollte es das also jetzt nicht tun? Wenn es gelingt, den Rat (der Staats- und Regierungschefs) abzuschaffen, zumindest zu einer zweiten Kammer zu degradieren und auch die Verträge ernstzunehmen, dann ist vieles möglich, und zwar das buchstäblich Notwendige.

Und mein pessimistisches Fazit: Es wird nicht gelingen. Der nationalistische Backlash ist zu stark. Das Destruktive des Nationalismus wird erst wieder allgemein gesehen werden, wenn wir auf Trümmern liegen. Inzwischen sind wir Zuschauer. Die russische Aggression ist eine nationalistische, kein Zweifel. Und wir schauen zu, wie die Ukraine durch ihre heldenhafte Gegenwehr in nationale Emphase gebombt wird, statt zu zeigen, wozu ein solidarisches nachnationales Europa fähig wäre. Und wenn sich die Ukraine teilweise befreit haben wird und dann eine so richtig stolze pathetische Nation geworden ist, mit dem Heldenmythos des Widerstandskrieges gegen die Russen, dann wird sie in die vormals nachnationale zerbrechende EU aufgenommen werden.

Meine Damen und Herren, ich danke für Ihre Aufmerksamkeit.

Andreas N. Ludwig

Zeitenwende in Europa

Gedanken zum Wandel des europäischen Systems durch
den Krieg in der Ukraine

„Wir erleben eine Zeitenwende", betonte der deutsche Kanzler
Olaf Scholz am 27. Februar 2022 bei einer seltenen Sondersitzung
des Bundestages. Das Stichwort der „Zeitenwende" und das Gefühl, Zeuginnen und Zeugen einer tiefen historischen Zäsur geworden zu sein und immer noch zu werden, findet sich seit dem Morgen
des 24. Februar in vielen Stellungnahmen, von der Politik, über die
Wirtschaft, den Medien bis in die Wissenschaft. Es beschleicht –
und Meinungsumfragen zeigen dies eindrücklich – aber auch unsere
Gesellschaften.

Das Leitmotto der Europäischen Toleranzgespräche 2022 „Wandel: Wie kommt das Neue ins System?" aufgreifend, erscheinen
mir vor dem Hintergrund meiner Schwerpunkte in Forschung und
Hochschullehre in Deutschland und Österreich drei Gedanken für
die weitere Diskussion potenziell anregend bzw. von inhaltlichem
Mehrwert: Ich werde dabei zunächst den Topos der „Zeitenwende"
aus meiner theoretischen Warte als politikwissenschaftlicher Komplexitätsforscher einordnen, sodann für ein weites Verständnis des
europäischen Systems sowie „Europas" werben und auf beiden aufbauend mit einem idealistischen Plädoyer für das weitere Vorgehen
in gesamteuropäischer Perspektive schließen.

Erster Gedanke: Zeitenwende und Systemwandel

Olaf Scholz betonte zum Charakter einer Zeitenwende in seiner
Regierungserklärung vielsagend: „Das bedeutet: Die Welt danach
ist nicht mehr dieselbe wie die Welt davor." Er will damit die wahrgenommene Radikalität des erfolgten Wandels im europäischen
System betonen. Und in der Tat: Eine „Zeitenwende" unterscheidet
sich markant von den permanenten Prozessen des Wandels in einem
sozialen System, denen jede und jeder einzelne, genau wie unsere Gesellschaften oder das globale System insgesamt unterliegen.
Im Sinne begrifflicher Klarheit erscheinen mir die vorgeschlagenen

Termini meines australischen Kollegen Christian Reus-Smit insofern hilfreich für die Diskussion über Wandel eines Systems. Er bezeichnet letztere Abläufe als „prozessualen" Wandel, während er erstere noch einmal unterteilt in „evolutionäre" bzw. „radikale" Transformationen. (vgl. Reus-Smit 2016, 425) Eine Transformation meint systemtheoretisch hier zunächst allgemein eine Situation, in denen die Dynamiken der Entwicklungen zu neuen oder veränderten Eigenschaften eines Systems als Ganzem führen. Es geht also jeweils um tiefgreifenden Wandel, Phasen also, in denen Unordnung in einem System vorherrscht. Die erste Form der Transformation bezeichnet dabei einen langsamen Prozess grundlegenden Wandels als Ergebnis neuer Rahmenbedingungen inner- oder außerhalb eines Systems. Die zweite hingegen ist durch ein dramatisches Anwachsen der Unordnung gekennzeichnet, die sich innerhalb einer vergleichsweise kurzen Zeitspanne bahnbricht. Bestehende Entwicklungstrends können zu dieser sich entfaltenden Destabilisierung wiederum verstärkend oder auch hemmend durch sogenannte positive bzw. negative Feedback-Effekte beitragen. (vgl. Ludwig 2020, 117)

Vieles spricht dafür, dass wir im europäischen System im Kontext des Angriffskrieges der Russischen Föderation gegen die Ukraine eine solche radikale Transformation erleben. Doch mit „Zeitenwenden" ist es so eine Sache. Wir definieren sie erstens, zeitlich genau wie inhaltlich, im Rückblick aus der Sicht und mit dem zeitgebundenen Wissen unserer Gegenwart. Tiefgreifende Veränderungen im menschlichen Miteinander sind jedoch keine punktuellen Ereignisse mit einem klaren Davor und Danach! Sie mögen zwar durchaus in unserer Wahrnehmung „aus heiterem Himmel" kommen – gerade im Falle der raschen, eskalierenden Dynamik radikaler Transformationen ein verständliches Bild – doch letztlich gibt es zumeist Anzeichen im Vorfeld. Dies gilt für Unwetterphänomene, um die Metapher fortzuführen, genau wie für Krisen und Kriege im internationalen System. Die entscheidende Frage an Politik, Wissenschaft, Gesellschaft und uns selbst ist dabei lediglich, wie und ob wir sie wahrnehmen (wollen) und uns entsprechend (neu) positionieren. Dies führt uns der Beginn des Krieges in der Ukraine einmal mehr schmerzlich vor Augen.

Zweitens haben tiefgreifende Veränderungen nicht nur einen komplexen Vorlauf und Kontext, sie haben vor allem einen ergebnisoffenen Verlauf. Das heißt, es gibt immer mehrere mögliche Varianten der Zukunft, egal wie tiefgreifend eine Zeitenwende zunächst wirken mag. Unerwartete Entwicklungen, Zufälle, der Einfluss einzelner Persönlichkeiten oder kleiner Gruppen können den Verlauf der Dinge entscheidend beeinflussen. Die weitere Entwicklung ist also inhärent ungewiss: Eine Grundweisheit der Komplexitätsforschung, die einerseits Anlass für Optimismus und Zuversicht sein darf – auch in schwierigen Zeiten. Man denke nur an Präsident Selenskis herausragende Rolle oder die unerwartet große Geschlossenheit der westlichen Staaten und Gesellschaften in diesen Monaten. Andererseits mahnt sie uns aber zur Umsicht, denn die Dynamiken des Wandels können aus unserer jeweiligen Warte freilich auch negativ sein und zu eigentlich ungewollten Ergebnissen führen. Auch dies sehen wir in den vergangenen Wochen – und zwar auf allen Seiten des Konflikts. Was bestärkt also die Radikalität des Wandels derzeit im europäischen System? Was wirkt den tiefgreifenden Veränderungen potenziell entgegen? Und wie verhalten wir uns selbst dazu?

Zweiter Gedanke: Was ist „Europa"?

Das Nachdenken über eine Zeitenwende in Europa, ausgelöst durch die Ereignisse in der Ukraine, impliziert zum Zweiten freilich die Frage, was „Europa" meint, wer (noch) Teil des europäischen Systems ist und warum. Soziale Systeme sind eben stets definitionsbedürftig und nie vollkommen unumstritten, insbesondere im Hinblick auf notwendige Attribute der Akteure und damit deren systemischer Zugehörigkeit.

„Europa" ist dafür ein Paradebeispiel: Während immer häufiger eine Verengung des Europabegriffs in Politik, Medien und Öffentlichkeit auf die Europäische Union (EU) und ihre 27 Mitgliedsstaaten feststellbar ist, werbe ich ausdrücklich für ein weitgefasstes Verständnis des europäischen Miteinanders, das der großen historischen wie zeitgenössischen Vielfalt der Gesellschaften und deren Austauschprozesse aus meiner Sicht besser gerecht wird.

Fokalisiert am Stichwort der europäischen Integration bedeutet dies konkret, nicht nur die Zusammenarbeit im Rahmen der EU in den Blick zu nehmen, sondern ganzheitlicher zu denken. Denn epochenunabhängig ging und geht es um Europas Einheit, die helfen soll, dessen Frieden und Grundwerte – Menschenrechte, Demokratie und Rechtsstaatlichkeit – zu wahren, zu sichern und auszubauen – für möglichst alle Menschen, die in Europa leben. Dafür haben die europäischen Staaten und Gesellschaften nicht weniger als 29 grenzüberschreitende Integrationsorganisationen (vgl. Cogen 2015) gegründet – wie den Europarat, die EU, die NATO und die Organisation für Sicherheit und Zusammenarbeit in Europa (OSZE), um nur die großen Vier zu nennen –, hunderte internationale Verträge verabschiedet und treiben seit über sieben Jahrzehnten zahllose weitere zwischenstaatliche Projekte und Initiativen im politischen und nichtpolitischen Bereich voran.

Die russische Politik und Gesellschaft nahmen und nehmen an vielem davon direkt oder indirekt teil, sind daher bis heute nicht nur aus historischen oder geografischen Gründen zum europäischen System zu zählen, sondern weil sie selbst aktiver Akteur in diesem waren und sind – positiv wie negativ. Selbst wenn man dieser Argumentation nicht folgen möchte, gilt es wiederum aus komplexitätstheoretischer Warte festzustellen: Komplexe Systeme, also auch das europäische, sind offene Systeme, die sich in permanentem Austausch mit ihrer Umwelt befinden. Russland wird also als Faktor in bzw. für Europa und das europäische System nicht verschwinden. Welche Folgerungen ziehen wir nun daraus?

Dritter Gedanke: Einen Neuanfang für Europa wagen!

Auch wenn manch institutioneller Akteur in Europa sich gerade unerwartet gestärkt oder revitalisiert wahrnehmen mag, wie die EU oder insbesondere die NATO, bedeutet der Ukrainekrieg ganzheitlich betrachtet eine dunkle Stunde für das europäische System. Die tiefgreifenden Veränderungen, die er mit sich bringt bzw. konkretisiert, haben schon und werden wohl weiterhin die Errungenschaften des europäischen Miteinanders der letzten Jahrzehnte infrage stellen, wenn nicht gar beseitigen. Wir erleben eine erneute Spaltung unseres Kontinents. Die zukunftsentscheidende Frage für das europäische System ist nun, ob wir uns mit diesem Scheitern europäischer Einigung im Osten Europas abfinden wollen bzw. sollten?

Während Russlands Führung offenbar mit einer Rückkehr zum System der Großmächte des 19. Jahrhunderts oder schlimmer noch des Rechts des Stärkeren vormoderner Zeit liebäugelt und sich der Rest Europas in die scheinbare Unausweichlichkeit einer neuen-alten Blockbildung nach Muster des 20. Jahrhunderts fügt, sollten wir über ein tragfähigeres Modell für das 21. Jahrhundert nachdenken. Europa muss Antworten auf die Unordnung in seinem System finden und es muss dies rasch tun, will es die negativen Dynamiken der letzten Monate noch durchbrechen. Da der Krieg nicht verhindert oder zumindest frühzeitig eingehegt werden konnte, bleiben derzeit lediglich (mehr als) unschöne Alternativen: etwa die Eskalation des Krieges, das Hinnehmen dessen Verstetigung mit nicht enden wollender Zermürbung aller Seiten oder das Forcieren von Verhandlungen aller Beteiligten, auch mit dem Aggressor. Normativ erscheint mir lediglich eine dieser Optionen vertretbar, wobei diese eine Weiterführung der Kampfhandlungen freilich zunächst nicht ausschließt: Verhandeln. Denn, so falsch es aus heutiger Sicht klingen mag, und das ist keine neue Erkenntnis: Nur mit Russland sind Frieden und Sicherheit in und für Europa möglich. Die Frage ist derzeit nur, wer diese Mammutaufgabe zumindest beginnen könnte anzugehen?

Angesichts der Vielfalt an globalen Herausforderungen und beunruhigenden Dynamiken, auch in Europa selbst, können es sich die europäischen Staaten und Gesellschaften im Interesse ihrer globalen Position im weiteren 21. Jahrhundert meines Erachtens an sich nicht erlauben, keine Lösung für diesen Konflikt sowie ihr künftiges Miteinander herbeizuführen. Doch genau diese Unfähigkeit hat in der Vergangenheit bereits allzu oft zu Europas Niedergang und Schwäche beigetragen.

Was bleibt also? Ich ende (ausdrücklich) idealistisch und wohl wissend um die Probleme: Es gibt eine Integrationsorganisation in Europa, die den Logiken der Großmächte und der Blöcke eine Alternative im europäischen System gegenüber gestellt hat: eine immerwährende Konferenz aller Staaten als Gleiche unter Gleichen. Ertüchtigen wir endlich die OSZE als Stellvertreterin der Vereinten Nationen in Europa und ermöglichen ihr diese Rolle auch zu spielen. Sie mag bisher nicht perfekt, sicher nicht gut finanziert, sicher nicht durchwegs effektiv gewesen sein. Doch auch für sie gilt im Anschluss an Winston Churchills berühmtes Zitat über die Vereinten Nationen: Wir haben sie nicht geschaffen, um uns den Himmel auf Erden zu bringen, sondern lediglich, um uns vor der Hölle auf Erden zu bewahren. Es wäre ein Neuanfang in und für Europa nach der Zeitenwende!

Literatur:

Cogen, Marc. 2015. An Introduction to European Intergovernmental Organizations. Farnham u.a.: Ashgate.

Ludwig, Andreas N. 2020. Bilaterale Beziehungen als komplexe Systeme: Komplexitätsforschung am Beispiel der deutsch-britischen Beziehungen nach 1945. Wiesbaden: Springer VS.

Reus-Smit, Christian. 2016. Theory, History, and Great Transformations. International Theory 8(3), 422–435.

Scholz, Olaf. 2022. Regierungserklärung von Bundeskanzler Olaf Scholz in der Sondersitzung zum Ukraine-Krieg vor dem Deutschen Bundestag, Berlin, 27. Februar 2022. In: Bulletin der Bundesregierung 2022 Nr. 25-2. Online verfügbar unter: https://www.bundesregierung.de/breg-de/service/bulletin/ regierungserklaerung-von-bundeskanzler-olaf-scholz-2008606 [Stand: 29. Juni 2022].

Heinz Gärtner

Geopolitischer Wandel als Folge des Ukraine-Kriegs

Der Krieg in der Ukraine zeitigt auch größeren geopolitischen Wandel. Die Welt befindet sich in einer Großmächtekonkurrenz zwischen den USA, China und Russland. Großmächte versuchen, ihre Einflusszonen zu behalten oder gar auszuweiten, und sie reagieren nervös, wenn sich eine andere Großmacht ihren Grenzen nähert.

Jede Seite gibt vor, defensiv zu handeln. Die anderen Akteure nehmen diese Handlungen entsprechend dem Prinzip des Sicherheitsdilemmas oft als offensiv. Wenn Raketen in einem Land stationiert werden, werden sie trotz vielleicht gegenteiliger Beteuerungen von anderen als offensiv empfunden. Es gibt eine Eskalation der Rhetorik. Aggression wird vermutet. Das Sicherheitsdilemma kann bis zu einem Krieg eskalieren. Die Entscheidung Kubas 1962, sowjetische Raketen auf seinem Territorium zu stationieren, löste scharfe Reaktionen der USA aus.

Auch wenn die Entscheidung, sich einem Bündnis anzuschließen, freiwillig getroffen wird, hat sie Konsequenzen für andere Staaten. Die Ukraine sah ihre potenzielle NATO-Mitgliedschaft als defensiv an. Dennoch betrachtete Russland eine weitere NATO-Ausweitung als langfristige Bedrohung. Russland letztlich wollte mit einer gewaltsamen Teilung und Demilitarisierung der Ukraine vollendete Tatsachen schaffen. Das war eine fatale geopolitische Fehlentscheidung. Präsident Putin wollte eine weitere NATO-Erweiterung verhindern. Das Gegenteil ist eingetroffen. Die NATO verstärkte ihre Präsenz an ihrer Ostflanke, in Polen und den baltischen Staaten. Finnland und Schweden haben ihren Beitritt zur NATO angekündigt. Dort könnten sogar Nuklearwaffen stationiert werden.

Es zeichnet sich ab, dass sich von der Arktis bis zum Schwarzen Meer ein neuer Eiserner Vorhang, ein Cordon sanitaire, senken wird, der weit über Putins Amtszeit hinaus bestehen wird. Mit diesem neuen Kalten Krieg wird Europa alleine bleiben, während die USA sich auf China in der neuen globalen Bipolarität konzentrieren wird. Um eine derartige permanente Teilung Europas zu verhindern, muss Europa Alternativen entwickeln.

Für die Zeit nach dem Krieg kann eine große internationale Sicherheitskonferenz angedacht werden, ähnlich wie die der Konferenz für Sicherheit und Zusammenarbeit in Europa (KSZE) in Helsinki 1975. Die Idee ist, ein System gemeinsamer Sicherheit zu schaffen, in der Sicherheit als unteilbar angesehen wird. Dieses System wäre ein Gegenmodell zum Sicherheitsdilemma. Ein weiteres Modell könnte eine Konferenz der Staaten – ähnlich dem Wiener Kongress nach 1815 – sein, die eine Neuausrichtung der sicherheitspolitischen Ordnung für eine neue Stabilität verhandelt. Sicherheit kann durch die Reduktion von Bedrohung und nicht nur durch die Vergrößerung von militärischen Kapazitäten hergestellt werden. Die andere Alternative wäre eine Blockbildung wie im Kalten Krieg, die über Jahrzehnte das Denken blockiert hat.

Krieg zwingt zum Wandel

Der Wandel unserer Gesellschaft geht derzeit nicht von demokratiepolitischen Bewegungen aus, sondern von Autokraten, Krieg und Pandemie. Das stellt unsere Demokratie vor große Herausforderungen, die wir nur meistern können, wenn wir die Polarisierung der Bevölkerung überwinden und wieder lernen, Kompromisse einzugehen, sagte die Politikwissenschafterin und spätere Toleranzpreisträgerin 2022, Sieglinde Rosenberger, bei der Podiumsdiskussion „Gelobtes Land - Geschlossene Gesellschaft?" im Rahmen der 8. Europäischen Toleranzgespräche im Kärtner Bergdorf Fresach.

Politik verunsichert alle Beteiligten

„Wandel ist eigentlich eine Konstante in der Gesellschaft und Politik", stellte Rosenberger gleich zu Beginn ihres Statements klar. Doch woher kommt dieser Wandel und was treibt ihn an? „Gegenwärtig erfolgt vor er allem von außen, durch Krisen wie Klimawandel, Ukraine-Krieg oder die Corona-Pandemie", so die Demokratieforscherin. Letztere habe zu massiver Verunsicherung der Politik geführt, denn wichtige Entscheidungen mussten ohne Vorerfahrungen getroffen werden. Diese Unsicherheit sei auch in der Bevölkerung spürbar.

„Die Parteien können die Gesellschaft da immer weniger zusammenhalten", urteilte die Expertin. Ausdruck dessen sei die wachsende Polarisierung der Bürger. „Wir haben festgestellt, dass viele Menschen zu vielen Themen sehr unterschiedliche Positionen vertreten. Das ist eine große Konfliktzone mit wenigen Überlappungen", betonte die Politikwissenschafterin. „Wenn dann solche Konfliktlinien auch noch durch Familien und Freundschaften gehen, sei das ein ernsthaftes Problem für die Gesellschaft. Es gehe darum, das Gemeinsame zu finden. Wenn uns das nicht gelingt, steht die Demokratie auf sehr fragilen Beinen", so Rosenberger warnend.

Partizipative Demokratie angestrebt

Um das angepeilte Ziel zu erreichen, plädierte die Forscherin für eine stärkere Rückbesinnung auf den Kompromiss als Möglichkeit der Konfliktlösung. Er setzt voraus, dass unterschiedliche Meinungen zwar nicht geteilt, aber akzeptiert werden. Es gibt Gruppen in der Bevölkerung, zu denen Brücken geschlagen werden müssen. Wenn das nicht passiert, kommen wir schnell in eine polarisierte Gesellschaft, in der politische Kompromisse nicht mehr möglich sind. Im Sinne einer stärkeren politischen Partizipation sei deshalb zu hinterfragen, warum etwa in Wien bestimmte Teile der Bevölkerung nicht wählen dürfen.

„Die jüngsten Zahlen zeigen, dass in der österreichischen Bundeshauptstadt rund 82 Prozent der Hilfsarbeiter und 75 Prozent der Reinigungsfrauen (überwiegend Zugewanderte) nicht wählen dürfen. Mitbestimmen kann aber nur, wer das politische Wahlrecht hat“, zitierte die Expertin aus neuesten Erhebungen: „Auch diese Personengruppen brauchen Leute, die ihre Rechte vertreten.“

Schon bei Jugend ansetzen

„Gegen eine polarisierte Gesellschaft braucht es eine partizipative Demokratie“, ergänzte Bildungswissenschafter Martin Klemenjak. Dem Professor für Soziale Arbeit mit dem Schwerpunkt Erwachsenenalter und Erwerbsleben an der FH Kärnten zufolge muss diese schon bei der Jugend ansetzen, damit sich niemand alleine gelassen oder abgehängt fühlt. „Um das zu schaffen, braucht es neue Ideen, Formate und Plattformen“, meinte Klemenjak und verwies in dem Zusammenhang auf Zukunftswerkstätten, die in Kärnten bereits mit Lehrlingen und Studierenden in den Gemeinden stattfinden. „Uns geht es bewusst darum, Andersdenkende ins Boot zu holen. Wir versuchen, solche Personen besser zu verstehen und Kompromisse anzustreben.“

„Unsere Gesellschaft braucht Konflikte auch, um wichtige Schritte nach vorne zu machen“, unterstrich der frühere Europapolitiker und Präsident der Europäischen Toleranzgespräche, Hannes Swoboda. Nach Auffassung des langjährigen Vorsitzenden der Sozialdemokraten im Europäischen Parlament wurden zu lange nur sehr kleine Schritte unternommen. „Der Ukraine-Konflikt zeigt, wie wichtig es ist, ein wehrhaftes Europa zu haben", so der Ex-Politiker.

In Österreich sieht er keinerlei (militärische) Kapazitäten, um sich selbst zu verteidigen. „Wir müssen jedoch fähig sein, gemeinsam mit anderen Europa zu verteidigen. Wir müssen Teil einer wehrhaften Demokratie sein. Dazu braucht es schnell eine umfassende Debatte", meinte Swoboda. Der demokratische Kampf muss dabei nicht nur in den Nationalstaaten geführt werden, sondern auf EU-Ebene: „Das kann nur gemeinsam funktionieren. Das heißt auch, dass wir gemeinsam nicht tolerieren dürfen, wenn einzelne Länder die Medien einschränken oder Richter austauschen, um aus Demokratien autoritäre Systeme zu machen."

Kritik an Ansprüchen von „politischen Minderheiten"

Für den Schriftsteller und Eröffnungsredner der diesjährigen Toleranzgespräche, Robert Menasse, ist Demokratie immer auch als Ausdruck der Anerkennung unterschiedlicher Interessen zu verstehen. „Wir haben aber in der Praxis in den letzten Jahren erlebt, dass eine Minderheit beansprucht hat, das Volk zu sein. Wer nicht der Meinung dieser Minderheit war, gehörte nicht zum Volk. Das heißt, wir haben es mit einer vollkommenen Verelendung des demokratischen Gesellschaftsbewusstseins zu tun", kritisierte der bekannte Autor die Entwicklung.

Damit einhergehend sei auch die Diskussion über die stärker werdende Spaltung der Gesellschaft zu sehen. „Es wird immer Menschen geben, mit denen man nicht diskutieren kann. Eine Gesellschaft kann nie so homogen sein, wie die es sich vorstellen, die ununterbrochen Brücken bauen wollen. Das wäre ein Ameisenstaat. Wir müssen endlich anerkennen, dass es verschiedene Interessen und soziologische Situationen gibt", fasste Menasse seinen Standpunkt zusammen.

„Es braucht eine europäische Regierung"

Dass Demokratien heute sowohl von außen als auch von innen bedroht werden, verdeutlichte Wolfgang Müller-Funk, Professor für Neuere deutsche Literatur an der Universität Wien. Während man bei äußeren Faktoren wie Kriegen oder Pandemie größtenteils machtlos sei, könne man zumindest bei inneren Faktoren überlegen, was getan werden kann. „Hier stellen sich viele spannende Fragen. Wie soll man etwa mit den Feinden der Demokratie umgehen, ohne dass sich die Demokratie selbst in eine geschlossene Gesellschaft verwandelt?", fragte der Literaturexperte.

„Demokratien zeichnen sich ja gerade dadurch aus, dass sie ständig einem dynamischen Wandel unterworfen sind. Das Verständnis zum Verhältnis zwischen Staat und Bürgern wird aber aufgrund der verschiedenen nationalstaatlichen Geschichten in den EU-Ländern sehr unterschiedlich gesehen. Auf gesamteuropäischer Ebene bleibt die Demokratie deshalb unvollständig", urteilte Müller-Frank: „Es braucht daher eine europäische Regierung und ein föderales Modell einer Konfliktgesellschaft in Europa. Vielleicht führt das dann dazu, dass die einzelnen EU-Länder geschlossener zueinander stehen."

Das ganze Podiumsgespräch ist unter dem Titel
„Gelobtes Land – Geschlossene Gesellschaft" abrufbar:
https://www.youtube.com/watch?v=GqG4Vw3D_Bc

Sieglinde Rosenberger

Demokratie im Wandel

Herausforderungen und Ansätze für eine zeit- und raum-gerechte Demokratie

Die Anzahl der funktionierenden Demokratien ist erstmals seit 2004 im Abnehmen. Gegenwärtig zählen wir wieder mehr autoritär bzw. autokratisch als demokratisch regierte Länder.[1] Der russische Angriffskrieg in der Ukraine verändert die geopolitische Konstellation massiv und wertet in diesem Sog autoritär regierte Staaten auf; die wachsende soziale und wirtschaftliche Ungleichheit begünstigt populistische Akteur*innen mit kurzfristigen an der Wahlurne verwertbaren Interessen; und gewählte Politiker*innen schränken die Prinzipien der Rechtsstaatlichkeit und die Grund- und Freiheitsrechte ein, ja sie gefährden die individuellen Rechte ebenso wie die politische Selbstbestimmung der Bevölkerung. Demokratieforscher*innen wie Steven Levitsky und Daniel Ziblatt beschreiben, wie Demokratien zum Sterben gebracht werden.[2] Bezeichnungen wie „illiberale Demokratie" oder „Demokratie nach chinesischer Prägung" stehen für minimalistische Varianten, die sich den Begriff aneignen, ohne jedoch auch die inhaltliche Substanz, die Werte von Demokratie zu beherzigen.

Demokratien unter Druck

Die liberal-repräsentative Demokratie als Gesellschaftsform, aber auch als Modell des Regierens ist historisch wie aktuell eng mit dem Konzept der Nationalstaaten verbunden. Nationalstaaten sind eine begrenzte politische Einheit, sie umfassen ein Staatsgebiet, auf dem die Mitglieder verfassungsrechtlich verankerte Mitgliedschaftsrechte, sog. Staatsbürgerschaftsrechte, besitzen. Ein wesentliches Prinzip demokratischen Regierens ist die Ausübung von Macht auf eine limitierte Zeit – Stichwort Regierungsperiode.

---

[1] Von 137 untersuchten Ländern gelten 67 als Demokratien, 70 als autoritär. Siehe: https://www.bertelsmann-stiftung.de/de/themen/aktuelle-meldungen/2022/februar/demokratie-weltweit-unter-druck, download 21.7.2022.

[2] Levitsky, Steven & Ziblatt, Daniel (2018): How Democracy Die. New York.

Diese Grundbedingung impliziert Wählkämpfe, das regelmäßige Ringen um Stimmen einerseits, sie begünstigt andererseits auch kurzfristig angelegte Handlungs- und Entscheidungsrationalitäten.

Die Gestaltung und Regulation der Globalisierung, internationale Mobilität, die Folgen des Klimawandels und auch von Covid-19 legen die Schwächen national-staatlich verfasster Demokratie und ihres unverzichtbaren Prinzips der zeitlich begrenzten Legislatur- und Regierungsperiode offen. Denn diese Phänomene halten sich nicht an territoriale Grenzen und kontrollierte Grenzräume, lassen sich nicht durch Grenzeinsätze von Polizei und Bundesheer einhegen. Sie widersetzen sich sowohl der politischen Logik der Einhegung als auch der Kurzfristigkeit. Ihr Charakteristikum ist vielmehr die raum- und zeitüberschreitende Wirkung. Um gegenüber diesen Phänomenen dennoch eine politische Handlungsfähigkeit zu erlangen, ist entweder eine transtemporale oder transnationale Gestaltung, in manchen Fällen beides gleichzeitig, angesagt.

Nun ist es nicht so, dass die transtemporalen und transnationalen Herausforderungen neu wären oder dass es dafür nicht bereits Handlungsansätze gäbe. Im Gegenteil, völkerrechtliche Verträge und internationale Abkommen bilden einen Rahmen politischen Handelns. Beispiele sind die Genfer Menschenrechtskonvention aus dem Jahre 1949 oder das Pariser Klimaabkommen von 2016.

Der Begriff „liberales Paradoxon" bringt auf den Punkt, dass das Wesen der repräsentativen Demokratie es verlangt, dass die Wähler*innen das Recht haben, über Entscheidungen direkt oder indirekt abzustimmen, dass es aber gleichzeitig zum inhaltlichen Bestand der Demokratie gehört, dass über bestimmte Themen nicht abgestimmt werden kann, dass sie der Mehrheit entzogen sind, weil es sich entweder um Rechte für alle oder um die Wahrung der Zukunft handelt.[3]

Raum- und zeit-gerechte Handlungsansätze sind mit dem Prinzip der repräsentativen Demokratie, also mit den auf Kurzfristigkeit angelegten politischen Personalentscheidungen bei Wahlen zu verbinden. Dies ist eine der großen aktuellen Herausforderungen einer transformierten Demokratie.

[3] Rosenberger, Sieglinde & Gruber, Oliver (2021): Integration erwünscht? Wien.

Raum-gerechte Demokratieansätze

Für eine raumgerechte, d.h. eine über den Nationalstaat hinaus reichende Politikgestaltung gibt es eine Reihe von Aktivitäten und Modellen. In der Literatur wird dies als transnationale oder supranationale Politikgestaltung bezeichnet. Praktizierte und oft diskutierte Maßnahmen sind die EU-Staatsbürgerschaft im Zuge des europäischen Integrationsprozesses oder die Möglichkeit der Doppelstaatsbürgerschaft für Drittstaatsangehörige. So geht in jüngster Zeit Deutschland verstärkt den Weg der Einbürgerung bei gleichzeitiger Ermöglichung der Doppelstaatsbürgerschaft. Beide Maßnahmen werden der Realität der temporären wie dauerhaften Mobilität von Menschen über nationalstaatliche Grenzen hinweg gerecht. Österreich hingegen verfolgt eine strikte Staatsbürgerschaftspolitik, die dazu führt, dass ein wachsender Teil der dauerhaft im Lande lebenden Bevölkerung keine Rechte auf politische Mitbestimmung besitzt. Der demokratische Raum verkommt so zu einer limitierten Demokratie, die transnationale Lebenswege und -formen nicht respektiert. Zivilgesellschaftliche Initiativen wie jene von SOS Mitmensch „Pass Egal" versuchen dieses Manko zu thematisieren.[4] „Pass Egal" will die offizielle Wahl durch die Möglichkeit der informellen Stimmabgabe von Menschen, die aufgrund der fehlenden österreichischen Staatsbürgerschaft vom Wahlrecht ausgeschlossen sind, zu ergänzen und zu vervollständigen.

Zeit-gerechte Demokratieansätze

Für transtemporale demokratische Handlungsansätze gibt es zahlreiche Appelle und Ideen im Horizont der Risiken, der Nachhaltigkeit und des ökologischen Wandels aufgrund der globalen Erwärmung. So formulierte der deutsche Politikwissenschafter Bernd Guggenberger im Jahre 1987 das „Menschenrecht auf Irrtum" und brachte damit zum Ausdruck, dass politische Entscheidungen nur dann getroffen sollten werden dürfen, wenn deren langfristige Konsequenzen kalkulierbar und nicht Lebens-vernichtend sind.

---

[4] Infos dazu: https://www.sosmitmensch.at/faq-pass-egal-wahl. Download 21.7.2022.

Dennoch fehlen bis heute weitgehend die Ansätze, WIE transtemporales Handeln in den politischen Alltag kommt und dabei das demokratische Grundprinzip der zeitlichen Limitierung politischer Macht respektiert wird. Angesichts der katastrophalen Folgen der Erderwärmung geht es also um die Einsicht, längerfristige Entscheidungen, deren Nutzen nicht unmittelbar spürbar ist, zu treffen und dabei über Ländergrenzen hinweg zu kooperieren.

Vorbilder für diese Form der Politikausrichtung gibt es einige. Sie liegen im Bereich der Internationalisierung der Politik und des Staates. Dazu zählen völkerrechtliche Verträge und internationale Abkommen wie die Menschenrechtserklärungen von UNO und Europarat, die Istanbuler Konvention zum Schutz gegen Gewalt an Frauen, die Klimarahmenkonvention der UN und das dazu gehörende Übereinkommen von Paris (2015). Das Wesen dieser Abkommen ist es, dass sie von nationalen Regierungen an einem bestimmten Zeitpunkt unterzeichnet werden, deren Dauer aber über Regierungsperioden hinweg Geltung besitzt. Die Bindung gilt nicht nur für jene Regierungen, die am Zustandekommen beteiligt waren, sondern auch für die Nachfolgeregierungen.

Ein neueres Beispiel für ein Instrument, das die transnational und transtemporal wirkenden Herausforderungen aufgreift, ist der sog. Klimapass. Angedacht und angeregt vom Wissenschaftlichen Beirat der deutschen Bundesregierung Globale Umweltveränderungen soll dieser angesichts der existenzvernichtenden Folgen des Klimawandels eine zeit-gerechte, menschenwürdige Migration erlauben. Weiters regt der Beirat Finanzierungsinstrumente wie einen Transformationsfonds an.[5] Auf der EU-Ebene ist ein sogenannter Klimasozialfonds bereits vorgesehen, die Umsetzung und Finanzierung aber höchst umstritten.

<hr>

[5] https://www.wbgu.de/fileadmin/user_upload/wbgu/publikationen/politikpapiere/pp9_2018/pdf/wbgu_politikpapier_9.pdf. Download 21.7.2022.

Abschließend

Transnationale und transtemporale Abkommen und Verträge, die sowohl international als auch für einen längerfristigen Zeitraum gelten sollten, kommen selbst unter Druck. Sie werden zunehmend von rechten / rechtsextremen, autoritär agierenden Politiker*innen infrage gestellt. Jüngstes Beispiel ist der Austritt der Türkei aus der Istanbuler Konvention zum Schutz von Frauen vor Gewalt, den Staatspräsident Erdogan gefordert hat und der 2022 vom Obersten Verwaltungsgericht bestätigt wurde. Dieser Rückschritt unterstreicht, wie sehr die Wahrung nationalstaatlicher demokratischer Standards mit der Wahrung internationaler, liberaler und menschenrechtlicher Sicherheiten verbunden ist. Demokratiepolitische Debatten haben folglich sowohl die nationale als auch die europäische bzw. internationale / globale politische Ebene einzubeziehen. Denn Demokratie ist zwar die Auswahl des politischen Personals, sie ist aber mehr – nämlich die Aufrechterhaltung von demokratischen Rechten für JEDEN Menschen (Stichwort Menschenrechte) ebenso wie die Aufrechterhaltung von Lebensmöglichkeiten und -bedingungen nicht nur heute, sondern auch morgen.

Martin Klemenjak

Demokratie leben lernen
Plädoyer für eine demokratiepolitische Bildung

„Demokratie ist die einzige politisch verfasste Gesellschaftsordnung, die gelernt werden muss – immer wieder, tagtäglich und bis ins hohe Alter hinein." So formulierte es der bekannte Sozialphilosoph Oskar Negt in seiner im Jahr 2010 erschienenen Schrift „Der politische Mensch – Demokratie als Lebensform". Dieses Zitat kann als Plädoyer für eine demokratiepolitische Bildung verstanden werden, die über die gesamte Lebensspanne eines Menschen fokussiert. In diesem Kontext muss angemerkt werden, dass sich Demokratie – im Gegensatz zu formaler Bildung – nicht vererbt, sondern ständig verteidigt und weiterentwickelt werden muss. Wie dies gelingen kann, soll im gegenständlichen Beitrag skizziert werden.

Der Ruf nach mehr direkter Demokratie, sei es in Form von Volksabstimmungen, -befragungen oder -begehren, scheint mir dafür nicht geeignet zu sein. Vielfach fordern Anhänger*innen von Instrumenten der plebiszitären Demokratie, dass „das Volk" mehr direkte Mitsprachemöglichkeiten erhalten soll, was bei oberflächlicher Betrachtung, insbesondere aus demokratiepolitischer Perspektive, grundsätzlich zu begrüßen wäre. Bei näherer Betrachtung muss jedoch festgestellt werden, dass es „das Volk" – oder anders gesagt „das Wir" – nicht gibt. Denn wenn solche oder ähnliche Begriffe (bewusst?) verwendet werden, geht es auch um die Frage von Inklusion und Exklusion, wer gehört dazu und wer wird (bewusst?) ausgeschlossen. Denken wir beispielsweise an Menschen, die in Österreich leben, sich aber aufgrund der Staatsbürgerschaft an „bestimmten Formaten" (z.B. Wahlen auf Landes- oder Bundesebene) nicht beteiligen dürfen. Allen, die sich näher mit dem „Wir" beschäftigen möchten, empfehle ich das großartige Buch mit dem gleichlautenden Titel, das im Jahr 2021 von der Kulturwissenschafterin Judith Kohlenberger publiziert wurde. Darin heißt es beispielsweise: „Wir. Wie leicht uns dieses Wort über die Lippen kommt. Wir sind ein Paar, wir sind eine Familie, wir sind Freunde, wir sind eine Gemeinschaft, wir sind eine Nation. Wir sind nicht die anderen. Oder?"

Einen weiteren kritischen Aspekt sehe ich bei Instrumenten der direkten Demokratie darin, dass diese in einer konkreten Sachfrage eine eindeutige Positionierung (pro oder kontra) erforderlich machen. In einer zunehmend komplexer werdenden Gesellschaft können Entscheidungen aber nicht auf ein dafür oder dagegen sein bzw. auf ein ja oder nein reduziert werden. Aus meiner Sicht trägt der Ruf nach mehr direkter Demokratie dazu bei, dass es tendenziell zu einer (weiteren) „Spaltung der Gesellschaft" kommt. Ich trete deshalb für einen Ausbau der partizipativen Demokratie ein. Der Grundstein dafür muss in der Elementarpädagogik gelegt werden, in weiterer Folge kommt den Schulen, der Lehrlingsausbildung, den Hochschulen und der Erwachsenenbildung eine entscheidende Bedeutung zu.

Was ist unter partizipativer Demokratie zu verstehen? Dabei werden die Vorzüge der plebiszitären (direkten) Demokratie mit jenen der repräsentativen (indirekten) Demokratie kombiniert. D.h. die Österreicher*innen und alle Menschen, die in Österreich leben, bringen ihre Ideen und lebensweltliche Expertise ein. Die Vorschläge der Bevölkerung werden den gewählten Politiker*innen übermittelt bzw. werden mit ihnen diskutiert, die in weiterer Folge die Entscheidungen treffen. Die Palette der partizipativen Methoden reicht dabei vom World Café, über die Zukunftswerkstatt bis zur -konferenz. Grundsätzliches zur Partizipation sowie exemplarisch ausgewählte Methoden können dem Beitrag „Partizipation von Kindern und Jugendlichen in Gemeinden" von Florian Kerschbaumer und meiner Person, welcher im Jahr 2021 im „Handbuch Gemeindepolitik", herausgegeben von Kathrin Stainer-Hämmerle und Florian Oppitz, erschienen ist, nachgelesen werden.

Auf die Zukunftswerkstatt, die ich bereits mehrmals in unterschiedlicher Ausgestaltung konzipiert und organisiert sowie mit Lehrlingen und Studierenden durchgeführt habe, möchte ich an dieser Stelle näher eingehen. Als Grundlagenliteratur kann auf das Werk „Zukunftswerkstätten – Wege zur Wiederbelebung der Demokratie" von Robert Jungk und Norbert R. Müllert aus dem Jahr 1981 verwiesen werden. Demnach besteht die „Werkstattarbeit" aus drei Phasen, die aufeinander aufbauen. Dabei handelt es sich um die

Kritik-, die Phantasie- und die Verwirklichungsphase. Für die praktische Arbeit ist insbesondere die Publikation „Moderationsmethode und Zukunftswerkstatt" von Ulrich Dauscher zu empfehlen, welche mehrfach überarbeitet, erweitert und wieder aufgelegt wurde, zuletzt im Jahr 2019. Als Ziele werden darin die Demokratisierung der Gesellschaft, Zukunftsentwürfe auf der Basis von Wünschen und Phantasie sowie die politische Aktivierung der Teilnehmer*innen formuliert. Auch werden die drei Phasen – in Bezug auf den Ablauf, mögliche Methoden und Beispiele – ausführlich beschrieben.

Diese partizipative Methode erscheint mir ein Good-Practice-Beispiel zu sein, um die demokratiepolitische Bildung zu fördern, sei es beispielsweise im Kontext der betrieblichen Ausbildung von Lehrlingen oder studentischer Projektideen zum Thema „Perspektiven für einen sozialen ländlichen Raum – Empfehlungen an die kommunale Sozialpolitik", nachzulesen im gleichnamigen Sammelband, der von mir im Jahr 2011 herausgegeben wurde. Nach der Durchführung der Zukunftswerkstatt mit den Studierenden wurden gemeinsam die Ergebnisse – im Rahmen einer Zukunftskonferenz – den Vertreter*innen aus Politik und Verwaltung präsentiert und mit ihnen diskutiert.

Nach diesen Ausführungen zur partizipativen Demokratie und insbesondere zur Zukunftswerkstatt wird nun der Fokus auf die „Kärntner Gespräche zur demokratiepolitischen Bildung" gelegt. Dabei handelt es sich um ein Kooperationsprojekt, das es seit dem Jahr 2012 gibt. Jährlich wird im Konferenzsaal der Arbeiterkammer Kärnten am Donnerstag vor dem österreichischen Nationalfeiertag, am 26. Oktober, eine Fachtagung organisiert und durchgeführt. Waren es ursprünglich drei Kooperationspartner*innen (die Arbeiterkammer Kärnten, die Fachhochschule Kärnten und die Pädagogische Hochschule Kärnten – Viktor Frankl Hochschule), so kooperieren aktuell – in alphabetischer Reihenfolge – neun Partner*innen, nämlich die Arbeiterkammer Kärnten, die Bildungsdirektion Kärnten, die Fachhochschule Kärnten (Studiengang Soziale Arbeit), das Institut für die Geschichte der Kärntner Arbeiterbewegung, die Kärntner Volkshochschulen, die Pädagogische Hochschule Kärnten – Viktor Frankl Hochschule, die Universität Klagenfurt (Arbeitsbereich Erwachsenenbildung und berufliche Bildung), der Universitätsclub Klagenfurt sowie der Verband österreichischer gewerkschaftlicher Bildung.

Das Tagungskonzept der „Kärntner Gespräche zur demokratiepolitischen Bildung" sieht vor, dass jedes Jahr ein anderes Schwerpunktthema auf dem Programm steht. Dabei handelte sich bisher um: „Der politische Mensch – Demokratie als Lebensform" (2012), „Populismus und Rassismus im Vormarsch?" (2013), „Demokratie vererbt sich nicht – Partizipation RELOADED" (2014), „Demokratie in der KRISE, Krise in der Demokratie?!" (2015), „Die SOZIALEN FRAGEN im 21. Jahrhundert. Erkennen – benennen – verändern" (2016), „Vive l'Europe – es lebe Europa!" (2017), „Demokratie oder Neoliberalismus? Wie der Neoliberalismus unsere Lebenswelten durchdringt" (2018), „Demokratie und Digitalisierung – Chancen & Risiken der Digitalisierung für das demokratische Gemeinwesen" (2019), „Corona-Krise – Herausforderungen für die Demokratie? Rückblick & Ausblick" (2020) und „Wie lange können wir uns das noch leisten? Warum Verteilungsgerechtigkeit die Demokratie fördert" (2021).

Das didaktische Konzept sieht Key-Notes von Wissenschaftler*innen, Workshops und moderierte Diskussionen mit politischen Entscheidungsträger*innen vor. So konnten zahlreiche namhafte Referent*innen gewonnen werden, darunter etwa der Sozialphilosoph Oskar Negt, die Bildungswissenschafterin Elke Gruber, die Politikwissenschafterin Sieglinde Rosenberger, die Digitalisierungsexpertin Ingrid Brodnig, der ehemalige Bundespräsident Heinz Fischer und der Kärntner Landeshauptmann Peter Kaiser. Um die Ergebnisse der Tagungsreihe zu sichern und einer interessierten Fachöffentlichkeit zugänglich zu machen, wurden diese jährlich in der Schriftenreihe „Arbeit & Bildung" der Arbeiterkammer Kärnten publiziert.

Die „Kärntner Gespräche zur demokratiepolitischen Bildung" schaffen damit Diskussionsräume, in welchen sich unterschiedliche Zielgruppen wie Schüler*innen, Studierende, Lehrende, Betriebsrät*innen, Erwachsenenbildner*innen, Mitarbeiter*innen von NGOs usw. begegnen und in Dialog treten. Besonders erfreulich ist, dass dieses Kooperationsprojekt im März 2016 mit dem ersten

„Barbara-Prammer-Preis" (in memoriam der verstorbenen österreichischen Nationalratspräsidentin und Präsidentin des Verbandes Österreichischer Volkshochschulen) ausgezeichnet wurde. Dieser Preis wird „für hervorragende Arbeiten und realisierte Initiativen im Bereich der bürgerschaftlichen Bildung" verliehen, die „durch lebensbegleitendes Lernen demokratisches Handeln und Denken ein(…)üben und so sicher(…)stellen, dass Demokratie und Zivilgesellschaft in der Praxis funktionieren", wie es in der Ausschreibung zum „Barbara-Prammer-Preis" des Verbandes Österreichischer Volkshochschulen im Jahr 2015 zu lesen war.

Mit dem vorliegenden Beitrag wurde gezeigt, dass sich ein demokratisches Gemeinwesen nicht weitervererben lässt. Die Forderung nach einem Ausbau der direkten Demokratie scheint mir jedoch – im Sinne der demokratiepolitischen Bildung – nicht geeignet zu sein, demokratische Prozesse zu fördern. Aus meiner Sicht verstärken Instrumente der direkten Demokratie die Polarisierung in unserer zunehmend heterogener werdenden Gesellschaft. In einer komplexen Welt kann es keine „einfachen Rezepte" geben, sondern sollte der Fokus auf die partizipative Demokratie gelegt werden. In diesem Kontext wurde die Methode der Zukunftswerkstatt näher erläutert. Daran anschließend konnten die „Kärntner Gespräche zur demokratiepolitischen Bildung", ein Kooperationsprojekt, das es seit dem Jahr 2012 gibt, vorgestellt werden. Damit werden Diskussionsräume für unterschiedliche Zielgruppen geschaffen und tragen so zu Wertschätzung, Kosens und Toleranz bei.

Ahmad Milad Karimi

Wandel durch neues Islamverständnis

Wir leben in einer pluralen Gesellschaft, einer Mehrheitsgesellschaft, die vom Austausch und der gegenseitigen Befruchtung von Kulturen und Religionen, Weltanschauungen und Traditionen lebt. Obgleich populistische und fundamentalistische Stimmen und Positionen für Halt, Rückhalt und unverrückbare Identität werben und verführen, besteht die Besonderheit unserer Kultur darin, dass sie nicht einfach auf eine fixe Idee zurückzuführen ist, denn man kann eine Kultur nicht konservieren, identitär reduzieren. Jede Kultur, jede Religion lässt sich erst aus dem Wandel, aus der Dynamik begreifen. Zu dieser Dynamik und Lebendigkeit kann der Islam einen wichtigen und bedeutenden Beitrag leisten – als eine Religion. Diversität, Mehrdeutigkeit, Polyphonie und Polymorphie der Lebenswelten lassen sich nicht festschreiben – hierfür müssen Menschen inspiriert und sinnstiftend überzeugt werden. Genau darauf kann eine Religion wie der Islam positiv einwirken als eine konstitutive Größe eines gelingenden Miteinanders in einer friedlichen und friedensstiftenden Gesellschaft. Aber dafür müssen wir von einer Religion sprechen, die durch die Evidenz von menschlichen Werten getragen ist, die keineswegs relativierbar sein dürfen und die nicht politisch und machtspezifisch missbraucht werden.

Doch den Islam gibt es nicht. Dieser Duktus kann leer klingen, wenn nicht eingesehen wird, dass damit allen vorgesagt wird, dass es nicht einen absoluten Islam gibt – als unmittelbare Instanz der Wahrheit. Es gibt viele Islamverständnisse. Darin besteht die Mehrdeutigkeit dieser Religion, aber nicht ihre Beliebigkeit. Denn nicht jedes „Verständnis" kann auch als ein Verständnis legitimiert werden, wenn wir den Islam als verlässliche Quelle der universellen Werte begreifen, und eben nicht als eine beliebige, auch menschen- und lebensverachtende Ideologie, bei der alles, buchstäblich alles möglich sein kann. Der Islam war immer von einer Vielzahl an Interpretationen und Auslegungen geprägt, die den Wert der Pluralität der Deutungen internalisierten. Denn allein die Einsicht, dass wir nicht über die Wahrheit verfügen, sondern bestenfalls ein Verständnis der Wahrheit als Wahrheitsliebende und Wahrheitssehnende haben, eröffnet Sinn und Geist für die Dynamik und Verwandlungsfähigkeit der Religion, die eine Religion ihrer Zeit sein will. Religiöse Diversität ist geprägt von geteilter Lebenskunst, die wertvoll und werteorientiert ist. Dagegen widerspricht die essentialistische Fixierung der Religion auf eine Lesart der Wirklichkeit. So scheint der Islam dennoch nicht greifbar zu sein. Ihm fehlt ein geistliches Lehramt, ein Ansprechpartner, eine Ansprechpartnerin, die sagt, was der „richtige" und was der „falsche" Islam ist. Der Wunsch nach einer religiösen Instanz kann bequem und einfach klingen, unproblematisch ist er nicht. Denn eine Instanz der Religion, die ihre Auffassung für die einzig gültige religiöse Ansicht vorträgt, degradiert und diskriminiert jede andere Ansicht als nicht gültige und nicht beachtenswerte Mindermeinung, die es nicht geben darf. Insofern hat sich in der islamischen Geistestradition die Idee durchgesetzt, einen argumentativ-rationalen Wettbewerb der Plausibilitäten zwischen den unterschiedlichen religiös-theologischen Ansichten zu kultivieren. Es gilt demnach nicht eine autoritäre Meinung, nicht die Ansicht eines Lehramts, sondern allein die Überzeugungskraft einer These, die argumentativ Einsicht abverlangt. Die Pluralität der Ansichten und Verständnisse ist daher der Regel. Deshalb sagte der Prophet Mohammed programmatisch: „Die Wege zu Gott sind so zahlreich wie die Atemzüge des Menschen."[1]

Dabei erleben wir heute vielfach zerstörerische, menschenverachtende, frauendiskriminierende, lebens-, denk- und pluralitätsfeindliche Ideologien, die im Namen des Islam Menschen in Angst und Schrecken versetzen. Terror, Selbstmordattentate, sexistische, rassisch-ethnischer Extremismus und Fanatismus können im Wettbewerb der Plausibilitäten nicht standhalten. Die Beweggründe der Terroristen mögen politisch orientiert und aus einer tiefen Einsicht in die Ungerechtigkeit der Verhältnisse, der eigenen Ohnmacht, der Feindseligkeit gegenüber den alten Kolonialmächten des Westens, der USA etc. begründbar sein, aber überzeugend sind sie keines-

---

[1] Zitiert nach: Ibn Taimīya, A.: Maǧmu al-fatāwa li-šaiḫ al-islām Ibn Taimīya, Bd. X, gesammelt und eingeordnet von ʿA. R. b. Muḥammad. Medina 1424/2004, S. 454.

falls. Vor allem wird hier nicht die Religion ideologisiert, sondern die Ideologie religiös untermauert, nicht mit theologisch-rationaler Anstrengung des Geistes, sondern vor allem mit einseitiger, engstirniger und hybrider Propaganda. Die Beweggründe der Extremisten sind absurd und verbrecherisch, nihilistisch und im Kern gottverachtend, weil Gottes Werk und seine Schöpfung in ihren Augen keinen Eigenwert hat und damit zugrunde gehen kann. Diese Haltung kann nicht und schon gar nicht religiös überzeugen. Im Gegenteil: Diese Positionen instrumentalisieren die Religion für die eigenen und eigenwilligen, oft politisierenden Ideologien – im Namen der Religion, im Namen des Islam. Der Islam ist aber kein Handlungssubjekt. Nicht der Islam spricht, handelt, urteilt und verurteilt, sondern wir Menschen, die ihr Denken, ihre Taten und Untaten erst aus der Verantwortung vor Gott, in verbindlicher Haltung zu den universellen Werten, bestimmen müssen.

Dass wir heute den Islam zumeist in einem zerstörerisch bedrohenden Kontext verorten, ist nur ein Teil der ganzen Wirklichkeit. Es ist nicht von der Hand zu weisen, dass der islamische Geist und mithin die islamische Geisteskultur in einer tiefen Krise stecken, die uns global drastisch in Form von Terror und engstirniger Religiosität (Salafismus, Wahhabismus, talibanöse Verhältnisse etc.) herausfordert. Aber die Gleichsetzung des Islam mit diesen Tendenzen, deren Opfer nicht selten die Muslime selbst sind, reproduziert lediglich die Auslegung, die sie bekämpfen will. Denn es sind z.B. die Taliban, die ihr Verständnis des Islam für den einzigen, absoluten Islam erklären. Wenn wir in dieser düsteren, militanten und barbarischen Erscheinung den „wahren Islam" zu erblicken glauben, dann vertreten wir exakt die talibanöse Idee. Hingegen müsste auch von den Muslimen selbst laut und deutlich artikuliert werden, dass diese Deutung des Islam nicht der wahre Islam und überhaupt nicht mit dem Islam zu identifizieren ist, sondern eine Pervertierung der Religion bedeutet.

Die Frage der Religion, die Frage, welche Rolle die Religion für die Gesellschaft, für die Bewahrung und Gestaltung des Friedens, für mehr Sinnhaftigkeit im Leben, für mehr Solidarität und mehr Menschlichkeit leistet, und ob spirituelle Begleitung überhaupt noch Sinn ergibt, ist nicht entschieden. Wir sind immer wieder und in Zeiten der Krise mehr denn je mit mehreren Gesichtern und Facetten der Religion und ihrer spirituellen Angebote konfrontiert. Zum einen kann Religion, der einfache Glaube, können die Orte des Glaubens und Hoffens Menschen beflügeln, ihnen Trost und Kraft spenden, zum anderen aber auch befremden und beängstigen. Dabei erkennen wir gut, dass nicht Religionen Handlungssubjekte sind, die dieses und jenes sagen, verschweigen und vertuschen, tun und unterlassen, sondern immer Menschen, die im Namen ihrer religiösen Pflicht in Verantwortung stehen. Wenn Menschen andere Menschen nur aufgrund ihres Geschlechts oder ihrer Herkunft verurteilen, Frauen als Menschen zweiter Klasse ansehen und Menschenrechte mit Füßen treten, dann ist das nicht mehr meine Religion, sondern eine Abart der Religion. Wir müssen für unsere Religion und unseren Gott Verantwortung übernehmen und ein für alle Mal klarstellen, dass die Parolen und Aktionen, für die diese Gruppen stehen, nicht den Islam repräsentieren, der für uns – gläubige Muslime oder nicht – bindend ist.

Der eigentliche Ort der Wahrheit im Leben ist Wahrhaftigkeit. Wahrheit aber erweist sich im Tun, sie hat sich in der Lebenspraxis zu bewähren. Nur so kann sie Authentizität beanspruchen: „Und wenn Gott gewollt hätte, hätte Er euch gemacht zu einer Gemeinde, einer einzigen. Aber Er wollte euch in dem prüfen, was Er euch gegeben hat. So wetteifert um die guten Dinge!" (Koran 5,48). Wetteifer um die guten Dinge erfordert ein Miteinander. Wir müssen lernen, den anderen nicht nur zu akzeptieren, sondern zu lieben und zu verstehen. Es reicht nicht, nur Brücken zu bauen. Wir müssen selbst die Brücke sein. Die Wahrheit zeigt sich im wahrhaftigen Dienst an den Menschen, in der Bewahrung der Umwelt und im Einsatz für den Frieden. Die Rede ist nicht von religiösem Eifer, sondern vom unermüdlichen Einsatz für das Gute, sodass die innere und bleibende Bezogenheit zu den anderen Religionen eine Bezogenheit in der Mühe für das Gute begriffen wird. Dabei kann der Islam nichts als die Sehnsucht nach der Wahrheit sein, die uns vielleicht immer fern bleibt. Wandel durch Religion kann dann geschehen, wenn die Religion selbst ihren Wandel wahrnimmt und vollzieht. Wenn wir Muslime uns zur Revolte erheben und aufhören, so zu tun, als wäre unsere Religion bedroht, als wäre es gerade religiös unproblematisch, zur Kaaba nach Mekka zu pilgern, ohne wahrzunehmen, dass die heiligen Stätten der Muslime von bedrohlichen, frauenverachtenden, sektiererischen Religionsfanatikern besetzt sind, dann ist alles Heilige zu Grabe getragen. Aus dem Schlummerschlaf der Bequemlichkeit, aus der Ignoranz des Unrechts erwächst weder Wandel noch Lebendigkeit, sondern Stagnation und letztlich Schmerz. So wie der Prophet einst sagte: „Der beste Islam ist, dass du die Hungrigen speist und Frieden verbreitest unter Freunden und Feinden."[2] Dieser Auftrag macht die Sehnsucht nach dem Frieden zum Merkmal des Glaubens, das Bemühen um Gerechtigkeit zur Pflicht des Glaubens. Der Islam ist also nur dann im Wandel begriffen, wenn in ihm das Unzeitgemäße in die Zeit hinein übersetzt wird, um das Menschennatürliche mitzutragen und damit den notwendigen Wandel mitzugestalten.

Das zu diesem Text veranstaltete Podiumsgespräch von Ahmed Milad Karimi und Mathilde Schwabeneder in Fresach ist unter dem Titel „House of One | Ein Gott für alle?" auf YouTube abrufbar: https://youtu.be/xrqKIwulF8M

[2] Hier zitiert nach Annemarie Schimmel: Muhammad. Kreuzlingen/München 2002, S. 33. Im Original: al-Buḫārī: Ṣaḥīḥ, Bd. I, Kitāb al-īmān, Ḥadīṯ-Nr.: 12, Kairo 1428/2008, S. 19.

Ina Schmidt

Wie die Ordnung ins Chaos kommt
Und wie wir in der Vielfalt den eigenen Weg finden

> *"Das Wesen des Lebens besteht darin, sich ununterbrochen
> zu verändern. Aber unsere Begriffe sind alle diskontinuierlich
> und unveränderlich (…) Diese Begriffe sind nicht Teile der
> Wirklichkeit, nicht Stellungen, die sie wirklich innehat, es sind
> vielmehr Unterstellungen, Zeichen, die wir selbst machen, und
> man kann mit ihnen ebenso wenig die Substanz der Wirklichkeit
> heraufholen, wie man Wasser heraufholen kann mit einem, wenn
> auch noch so feinmaschigen Netze."*
>
> William James, Das pluralistische Universum

Wir leben in chaotischen Zeiten. In Zeiten des Wandels, der
Transformation, umgeben von Krisen, die zur Normalität werden.
Erfahrungen von Sorge, Verlust und Angst, von Ärger und Verunsicherung verändern unser Leben grundlegend und machen deutlich, dass lebendiger Wandel nicht immer Fortschritt bedeutet,
sondern uns auf existenzielle Fragen zurückwirft, die nicht immer
eine schnelle Antwort möglich machen. Ein solcher Wandel braucht
ein anderes Denken, veränderte Strukturen und Kriterien, um neue
Wege nicht nur gehen, sondern vorstellbare Möglichkeiten und
Richtungen überhaupt denken und ebnen zu lernen. Es geht um
nicht weniger als darum, ein anderes Weltverhältnis zu eröffnen und
ein Verhältnis zu einer möglichen „Zukunft" zu entwickeln, die davon abhängen wird, wie wir uns heute zu dem verhalten, was wir
als Option anerkennen wollen. Dieser bewegliche und schwebende
Referenzrahmen ist das, woraus wir neue Ordnungen zu kreieren
versuchen. Derzeit überwiegt allerdings zu oft das Gefühl der Ohnmacht, die Sorge, einem System ausgeliefert zu sein, das den Raum
für ebendiese Veränderungen nicht hergibt.

Und das aus gutem Grund. Die Folgen des Klimawandels sind
spürbar, sie sind kein Zukunftsszenario, die Stimmen der jungen
Generation werden zu Recht lauter, unser Erleben einer Pandemie
in den letzten Jahren und die Situation eines neuen Angriffskrieges

mitten in Europa zeigt, dass wir wirklich und wahrhaft in anderen, in „neuen" bzw. anderen Zeiten leben, denen wir nicht mit alten Gewohnheiten und tradierten systematischen Denkstrukturen begegnen können.

Leben wir in chaotischen Zeiten? Ja und zwar immer.

Für manche von uns liegt in dieser Gemengelage die Gefahr des totalen Chaos: Altes funktioniert nicht mehr, gewohnte Pfade sind versperrt, Lieferketten unterbrochen, Lehrkräfte ratlos, Familienbetriebe insolvent und viele Menschen fühlen sich ausgebrannt und erschöpft. Gleichzeitig aber entstehen neue Kommunikations- und Lebensmodelle, Veranstaltungsformate und Wohnkonzepte – auf der politischen Bühne Solidaritäten und Allianzen, die sich gegen An- und Übergriffe zu verteidigen suchen - manches davon ist nicht tragfähig für das, was eine Zukunft sein soll, aber ein Anfang für etwas, das wir möglicherweise noch nicht denken können, weil es weniger systematischen als organischen Strukturen unterzuordnen ist.

Das mag nicht das sein, was wir uns als Antwort oder Reaktion auf dringliche Fragen wünschen oder gar glauben, erwarten zu können, aber es ist das, was möglich ist: Genaues Hinschauen und Hinhören und der Wunsch nach einem dialogischen Verstehen ist auch in Zeiten dringlichen Handelns möglich, um effiziente Lösungen zu entwickeln, die Ordnung stiften können – nur, der Weg ist ein anderer. Reifeprozesse und Wachstum unterliegen nicht allein menschlicher Machbarkeit und können doch genutzt werden, um Ordnungen zu entwerfen, in denen wir uns auf andere Weise dem widmen, was es zu schützen, zu gestalten, zu entwickeln gilt.

Gerade deshalb brauchen wir in diesen Zeiten kraftvolle Antworten, mutige Entscheider:innen und kreative Visionen, die vorläufigen Zwischenordnungen in ebendiese chaotischen Möglichkeitsräume bringen, ohne damit Leid, Not und Angst auszublenden – sondern im Gegenteil, gerade die Zerbrechlichkeit und Vergänglichkeit all dieser gesellschaftlichen, politischen und wirtschaftlichen Prozesse einbeziehen lernen. Eine Einsicht, die jeden sozialen Kontext als chaotisch enttarnt – zu allen Zeiten und unter allen Umständen: Chaos ist damit nicht das zu Vermeidende, sondern das

Anzuerkennende, ein Teil jedes sozialen Miteinanders, in dem wir zu so etwas wie einer sozialen Ordnung finden wollen – und, halten wir es mit Friedrich Nietzsche, dann müssen wir sogar noch einen Funken Chaos in uns tragen, um einen „tanzenden Stern" gebären zu können – den wir vielleicht gerade jetzt so dringend brauchen. Darin liegt keine pragmatische Lösung für die sich stellenden Fragen der Gegenwart, aber eine Vision, eine Vorstellung von Zukunft, für die es sich lohnt, ebensolche Lösungen mit gemeinsamer Anstrengung auf den Weg zu bringen.

Warum sollte Ordnung die Antwort auf Chaos sein?

Es gibt sehr unterschiedliche Formen von Chaos, meist aber beschreiben wir mit diesem Begriff Zustände, die weniger bedrohlich als vielmehr unverständlich, ungeordnet, unübersichtlich sind. So beschrieb der römische Dichter Ovid das Chaos als eine „verworrene, formlose Urmasse", die die Voraussetzung für all die Formen und Ordnungen in sich trug, die im Kosmos zum Ausdruck kommen sollten. Jahrhunderte später finden wir in Meyers Lexikon von 1895 dazu folgenden Eintrag: „Da das Chaos, das älteste der Wesen, nie mit klar hervortretendem Charakter der Persönlichkeit, sondern bald als völlig regungslos, bald als im inneren Kampf seiner widerstreitenden Elemente begriffen gedacht wurde, so bedeutete es auch sprichwörtlich eine ordnungslose, verwirrte Masse, ein Gemengsel oder ein Gewirr."

Diese „verwirrte Masse", dieses „Gemengsel" bedeutet aber eben nicht nur Desorientierung und nicht vorhandene Strukturen, sondern es meint den Zustand eines „noch nicht", etwas, das noch zu etwas werden wird – auch wenn wir nicht wissen, was es ist. Chaos bedeutet also nicht zwingend die komplette Abwesenheit von Ordnung, sondern meint auch einen Möglichkeitsraum, ein Potenzial, das wir noch nicht zu deuten, zu gestalten in der Lage sind. Dieses „Noch nicht" erfüllt uns mit Unsicherheit und die häufigste menschliche Reaktion auf chaotische Zustände ist der nachvollziehbare Versuch, etwas uns Unbekanntes systematisch auf etwas Bekanntes und Vertrautes zurückzuführen bzw. es in Formen zu bringen, die wir kennen. Dahinter steht immer die leise, oft nicht formulierte, aber überaus mächtige Überzeugung, dass wir dazu auch in der Lage sind, dass wir die Herrscherinnen des Chaos sein können, wenn wir denn wollen – organisiert und diszipliniert genug, um die Ordnung wieder herzustellen.

Was aber, wenn dem nicht so ist? Wenn es gar nicht darum geht, in jedes Chaos sofort wieder Ordnung zu bringen: Chaos bedeutet letztlich nicht mehr oder weniger als eine Ansammlung von Vielheit – es ist so etwas wie ein Potenzial lebendiger Komplexität, das wir nutzen können oder auch nicht. Es geht in chaotischen Zeiten weniger darum, das Chaos zu ordnen, oder es gar vermeiden zu wollen, sondern darum, sich innerhalb einer lebendigen Komplexität bewegen zu lernen – um Stabilitäten zu schaffen – u.a. durch die Fähigkeit zu gemeinsamen Deutungen, zu Kooperationen und der Kreation von ungewöhnlichen Bündnissen, die in der Vielfalt für Kontexte und Verbindlichkeiten sorgen können.

Mit dieser Einsicht ist etwas gewonnen, das philosophisch auf die Tradition des sokratischen Philosophierens zurückgeht: Das prüfende und kritische Hinterfragen des Bestehenden, um den eigenen Horizont im Dialog mit dem anderen zu erweitern und die stetige Bereitschaft an den eigenen geistigen Grundfesten zu rütteln, um dazu zu lernen: In ruhigen Zeiten von Wohlstand und Zufriedenheit ebenso wie in Krisenmomenten oder Zeiten des Wandels und der Sorge. Sofern wir uns dies zur Gewohnheit werden lassen, werden wir sehen, dass wir beständig von Chaos bzw. zumindest einer Form von lebendiger sozialer Komplexität umgeben sind, die sich nicht auf prognostizierbare Zahlen, Daten, Fakten reduzieren lässt – das mag keine originelle Einsicht sein, ist aber dennoch etwas, was unser Handeln von dem unterscheidet, was wir gewohnt sind.

Das kulturelle Wechselspiel von Chaos und Ordnung.

Lebendige – und damit auch soziale - Ordnungen ergeben sich aus dem, was uns an Möglichkeiten zur Verfügung steht, Möglichkeiten, die sich prozesshaft aus der Vielheit eines Zusammenspiels von Einzelteilen ergeben können. Sie verändern sich mit den Bedingungen, unter denen sie entstehen und sich verändern bzw. hinfällig werden. Damit sind wir bei einem Wechselspiel zwischen den beiden Polen Ordnung und Unordnung angelangt, das der Ökonom Joseph Schumpeter in seinem Werk „Kapitalismus, Sozialismus und Demokratie" mit dem Begriff der „schöpferischen Zerstörung" beschrieben hat. Schumpeter beschreibt in seinem Buch die notwendige „Zerstörung" von Ordnungen, damit neue, weiterentwickelte oder einfach nur andere Zusammenhänge überhaupt entstehen können. Ohne diese Dynamik gäbe es keinen Fortschritt, keine Veränderung zum Besseren, sondern es bliebe bei der Aufrechterhaltung dessen, was wir kennen. Chaos und Ordnung bedingen einander – auch wenn es notwendigerweise darum gehen muss, Übergänge zu schaffen, um diese Entwicklung nicht auf Trümmerfeldern oder auf Kosten von Menschen stattfinden zu lassen, deren Lebensgrundlage durch den Wandel zerstört wird. Ein solches Denken und Handeln muss von etwas getragen sein, was uns die Möglichkeit gibt, unter unsicheren Gegebenheiten Halt zu finden, der weniger inhaltlich als formaler Natur sein kann – uns also nach einer Form ethischer Ordnung fragen lässt.

Weil wir an das Gute glauben wollen: Von äußeren und inneren Ordnungen.

Was also bleibt auch in Zeiten grundlegender Veränderungen von Wert, was gibt uns die Sicherheit, das Richtige zu tun und wie wägen wir in Momenten ab, in denen dieses Richtige verschiedene Wege einschlagen könnte? Diese Frage berührt sehr persönliche Überlegungen, aber fassen wir sie noch weiter, dann geht es bei einer Antwort darauf um nicht weniger als unser Menschenbild: Was sind wir als Menschheit in der Lage zu verändern, zu gestalten oder als das Unverfügbare anzuerkennen, in das wir nicht eingreifen wollen? In der Antwort darauf liegt die Gewichtung, die wir uns selbst als kulturelle Wesen zuschreiben, um mitten im Chaos für Orientierung zu sorgen: Sind wir bereit, auf unsere Fähigkeiten zu vertrauen, glauben wir daran, dass die Welt im Grunde gut gemeint ist? Die menschliche Kultur bringt zum Ausdruck, wie wohlwollend und fürsorglich wir mit dem umgehen wollen, was wir für „gut" halten. So wird die Kultur als Praxis zur zweiten Natur des Menschen und gleichzeitig zu einem kulturellen System, das er aus sich selbst heraus geschaffen hat, in dem moralische Ordnungen genauso einen Platz finden wie die Art und Weise, wie wir uns die Hand geben, uns lieben oder für eine Familie sorgen. In all dem versuchen wir nichts weniger, als Orientierungen zu schaffen, Gewohnheiten und Ordnungen zu ermöglichen, um den Rahmen für ebendiese „zweite Natur" zu stabilisieren. Und das gelingt umso besser, je stärker wir uns gerade in unsicheren Zeiten als „Kollaborateure", als konstruktive und zur Kooperation bereite Wesen zeigen, die die eigenen Interessen gerade in dem verwirklicht sehen, was einem übergeordneten Ziel zu dienen vermag.

Was wir dafür in einem krisengeschüttelten Zeitalter der Informations- und Wissensgesellschaft stärker in den Blick nehmen müssen, ist also die Frage nach einer ethischen Ordnung und den „Tugenden", die darin für Halt sorgen können, die ordnungsgebend und wegweisend sein müssen und die Sinnhaftigkeit dessen, was ich tue bzw. lasse überprüfbar machen: Die Handlungen von Individuen ebenso wie die von Organisationen oder Unternehmen. Das, was wir brauchen, ist der Mut zu einem solchen ethischen Wagnis, einem existenziellen »Sprung«, wie es der dänische Philosoph Sören Kierkegaard nannte: Dahinter steht nicht der Mut der Verzweiflung oder ein leichtsinniges Wettspiel, sondern die Notwendigkeit, den Glauben an das Gute nicht aufzugeben, solange es Zeichen für seine Möglichkeit gibt. Und die Annahme dieses Wagnisses ist die Voraussetzung dafür, dass es vielleicht gerade mitten im Chaos möglich wird, Pfade, Wege und tragfähige Landkarten für das zu entwickeln, was eine solche neue Ordnung werden kann.

Hubert Hasenauer

Der Wald als heilendes System

Wald ist die höchste Entwicklungsform von Pflanzen. Wenn es mindestens 400 mm pro Jahr regnet, genügend Nährstoffe vorhanden sind und nicht zu kalt und nicht zu heiß ist, dann wird irgendwann einmal Wald wachsen. Welcher Wald das ist, wir nennen das die „Potenziell Natürliche Waldgesellschaft", hängt von der Kombination aus Temperatur, Niederschlag und Nährstoffen ab, wie sich diese seit der letzten Eiszeit im Mitteleuropa vor ca. 10.000 Jahren entwickelt haben. Als Ergebnis dieser Entwicklungen dominieren haute in den Tieflagen Laubholzwälder, mit zunehmender Höhenlage gehen diese in Laub-Nadel-Mischwälder über, um dann in den Hochlagen zu mehr oder weniger reinen Nadelwäldern zu werden.

Mit der Bevölkerungszunahme wurden große Waldflächen in landwirtschaftliche Flächen umgewandelt. Holz aus dem Wald war neben Wasser und Wind wichtiger Energielieferant und Baustoff. Bedenkt man, dass die Gegend um Eisenerz in der Steiermark im Mittelalter das Zentrum der weltweiten Eisenproduktion war oder dass im Salzkammergut seit Jahrhunderten Salz in großen Mengen abgebaut wurde (dafür war Holz notwendig) sowie sehr viel Brenn- und Bauholz für die wachsenden Städte notwendig war, wird deutlich, dass gegen Ende des Mittelalters unsere Wälder in Europe devastiert waren und die Waldflächen vor allem im Alpenraum wesentlich geringer waren als heute. Eine Folge war die Sorge um die Nachhaltigkeit, und so ist es kein Zufall, dass Carl von Carlowitz 1713 in seinem bekannten Buch Sylvicultura Oeconomica erstmals den Begriff der Nachhaltigkeit definierte, der heute in aller Munde ist.

Die Industrialisierung und die Folgen für den Wald

Mit Beginn der Industrialisierung um 1850, damals hatten wir ca. 1,5 Milliarden Erdenbürger, heute sind es 7,5 Milliarden, gab es enormen Energiehunger, der anfangs vor allem durch Holz aus dem Wald gedeckt wurde. Mit der Entdeckung der Kohle und später von Erdöl und Erdgas konnte der wachsende Energiebedarf besser befriedigt werden. Die Folgen für den Wald waren sehr positiv. Kohle, Erdöl und Erdgas waren leichter zu transportieren und hatten eine höhere Energieeffizienz als Brennholz. Zudem konnte man neue Materialien in großen Mengen aus Erdölprodukten für eine stark wachsende Bevölkerung herstellen. Die Verfügbarkeit fossiler Energieträger und Rohstoff in Kombination einem strengen Forstgesetz (1876 in Österreich), sowie der Etablierung der Forstlichen Ausbildung (siehe BOKU 1972), der Langzeitforschung (siehe Forstliche Forschungsanstalt in Mariabrunn 1876) führten zu einer merkbaren Entlastung der heimischen Wälder.

Es ist ein Paradoxon, dass die Verfügbarkeit fossiler Energieträger und Materialien, durch die erst die enorme CO_2-Belastung und damit die Klimaveränderung entstanden ist, im 20. Jahrhundert zu einer Erholung der devastierten mitteleuropäischen Wälder geführt hat.

Die Waldsituation in Europa

Betrachtet man die Waldsituation in Europa heute, so stellt sich diese wie folgt dar: Europa hätte eine potenzielle Waldausstattung von ca. 80 Prozent, davon sind knapp 40 Prozent mit Wald bedeckt, der Rest wurde in landwirtschaftliche Flächen bzw. Infrastrukturflächen (Siedlungen, Verkehrsflächen etc.) umgewandelt. Von den 40 Prozent europäischer Waldfläche befindet sich die Hälfte im europäischen Teil von Russland. Damit wird auch deutlich, welche riesigen Holzvorräte Russland hat. Europa ist übrigens der einzige Kontinent, auf dem die Waldfläche in den letzten 100 Jahren zugenommen hat. Auf allen anderen Kontinenten hat die Waldfläche abgenommen, zum Teil sogar sehr stark wie etwa in Asien und Afrika.

In Österreich ist knapp 50 Prozent der Landesfläche bewaldet, und die Waldfläche nimmt jährlich um ca. 4.000 Hektar zu. Im österreichischen Wald stehen etwa eine Milliarde m^3 Holz, jährlich wachsen ca. 32 Millionen m^3 zu, und wir ernten etwa 26 Millionen m^3 – wir sind also ganz sicher nachhaltig und übernutzen nicht.

Wald im Klimawandel

Aber kommen wir wieder zurück zu unserem Thema – Die heilende Wirkung des Waldes. In Vorbereitung auf die heutige Veranstaltung wurde ich gefragt, was den die heilende Wirkung von Wald in Zeiten des Klimawandels wäre? Der Wald ist ja Betroffener UND Gestalter des Klimawandels.

> **Betroffener**, weil sich die Wachstumsbedingungen verändern, noch dazu sehr schnell und eine Anpassung des Waldes bei derart raschen Veränderungen der Temperatur oder der Niederschläge für Bäume – die ja sehr langlebig sind – so schnell nicht geht.

> **Gestalter**, weil Wald über die Photosynthese, also das Wachstum von Biomasse bzw. Bäumen, der Atmosphäre große Mengen an CO_2 entzieht und damit die Klimaveränderung durch den CO_2-Ausstoß lindert. Bedenkt man, dass man ohne Wald eine um 30 Prozent höhere CO_2-Belastung hätte, wird deutlich, welche heilende Wirkung der Wald auf das Weltklima und damit auf die Lebensbedingungen auf der Erde hat.

Mit Beginn der Industrialisierung um 1850 hat der Ausstoß von Treibhausgasen, insbesondere Kohlendioxid (CO_2), stetig zugenommen und beträgt derzeit (2019) etwa 36,7 Milliarden Tonnen. 10 bis 15 Prozent entstehen durch Landnutzungsänderungen – also der Umwandlung von Wald in landwirtschaftliche Flächen oder Infrastruktur. Die Folge davon ist, dass sich der CO_2-Gehalt in der Atmosphäre von 218 ppm im Jahre 1960 auf derzeit 385 ppm erhöht hat. Mit der Erhöhung des CO_2-Gehaltes in der Atmosphäre kommt es zu einem Anstieg der Temperatur, wobei zu betonen ist, dass ohne CO_2 die durchschnittliche Temperatur auf der Erde -16° und nicht wie derzeit ca. +15° Celsius betragen würde.

Im Vergleich dazu verändern sich die jährlichen Niederschlagsmengen wenig. Für Österreich lässt sich ein Temperaturanstieg von etwa 1,5 Grad seit 1960 ermitteln, während sich die jährlichen Niederschläge im Mittel nicht verändert haben.

Wie lässt sich die Klimakrise bewältigen

Mit dem 2015 unterzeichneten Pariser Klimaabkommen soll die Erderwärmung auf 1,5 bis 2 Grad Celsius im Vergleich zur vorindustriellen Zeit (vor 1850) beschränkt werden. Idee ist, dass man die Ökosysteme nicht überfordern darf, damit nicht Kipppunkte erreicht werden, die zu irreversiblen Veränderungen führen. Dazu will man bis Mitte des Jahrhunderts (2050) Treibhausgasemissionen aus der Landwirtschaft, Industrie, Verkehr (Auto, Flugzeuge) und anderen Verursachern möglichst auf Null reduzieren, indem durch Effizienzsteigerungen Energie eingespart wird bzw. die notwendige Energie durch erneuerbare Energieformen (Solar, Wind, Wasser) die heute üblichen fossilen Energieträger ersetzt werden. Neue Formen des Wirtschaftens, der Mobilität und der allgemeinen Lebensbedingungen sollen dies zusätzlich unterstützen. Man spricht in diesem Zusammenhang von der Energiewende bzw. einer notwendigen gesellschaftlichen Transformation, damit die Treibhausgasemissionsziele bis 2050 geschafft werden können.

Derartige Umstellungen sind technisch schwierig, werden vom Markt getrieben und bedürfen einer grundlegenden Änderung unserer Lebens- und Wirtschaftsformen. Diese Dinge brauchen Zeit und, um nun diese Zeit der Umstellung effizient zu nutzen, werden sogenannte Brückentechnologien gesucht, die sofort, rasch und effizient den weiteren Anstieg von CO_2 in der Atmosphäre verhindern, bis dann die Transformation (also neue Technologien) wirkt, damit Mitte des 21. Jahrhunderts die Transformation geschafft ist.

Als eine dieser Brückentechnologien gilt Wald, in dem

(i) Waldflächen zu erhalten sind (insbesondere in den Tropen) sowie großflächig neue Waldflächen aufgeforstet werden;

(ii) bewirtschaftete Wälder großflächig befristet oder auch unbefristet aus der Nutzung gestellt werden. Damit können zumindest kurzfristig große Mengen an CO_2 der Atmosphäre entzogen und im Wald gespeichert werden. Diese Überlegungen sind im Wege der Zertifikatshandels bereits zu einem Geschäftsmodell geworden;
(iii) Verstärkte Nutzung von Holz als Baustoff, um damit fossile Materialien durch Holz aus nachhaltiger Forstwirtschaft zu ersetzen, denn ein Holzhaus kann man sich ja wie einen Wald vorstellen. Wichtig ist ja nur, dass Kohlenstoff der Atmosphäre entzogen und möglichst lange gelagert wird.

Fazit – Was ist jetzt zu tun?

1. Wälder speichern große Mengen an Kohlenstoff. Da die anhaltende Reduktion der Waldflächen in den Tropen (Asien und Afrika) gravierende Auswirkungen auf den globalen Kohlenstoffkreislauf haben, da solche Landnutzungsänderungen zusätzlich zum CO_2-Anstieg beitragen, muss diese gestoppt werden.

2. Damit die Pariser Klimaziele von unter 2 Grad Erderwärmung erreicht werden können, braucht es dringend den Ausstieg aus fossilen Energieträgern, aber auch aus fossilen Materialien.

3. Dazu wird es eine Änderung der Lebensgewohnheiten, eine effizientere Nutzung der verfügbaren Ressourcen und auch neuer Mobilitätsformen bedürfen. Die Frage der regionalen Versorgung wird an Bedeutung gewinnen.

4. Wir müssen aber auch die Menschen dafür ausbilden, damit jeder versteht, warum diese Transformation notwendig ist und jeder bei sich selber anfangen muss. Eine auf Wachstum aufgebaute Gesellschaft wird langfristig nicht überleben können, weil die Ressourcen eben limitiert sind.

5. Wir sollten eines nicht vergessen – die Erde wird den Klimawandel überleben, aber ob die Menschheit das überlebt, ist eine andere Frage.

Zum Schluss noch ein Wort zur heilenden Rolle des Waldes: Ein Kubikmeter Holz speichert bzw. entzieht der Atmosphäre etwa eine Tonne CO_2. Daraus folgt, je mehr Wald wir haben, desto besser für uns alle.

Hans-Georg Häusel

Dominante Persönlichkeiten verändern die Welt
Ein Ausflug in die Weiten des Universums „Gehirn"

Wie Wandel entsteht und wie das Neue in die Welt kommt, war auch Thema eines spannenden Vortrags des bekannten Münchner Neuromarketingexperten Hans-Georg Häusel. Er zeigte auf, dass es vor allem die Emotionssysteme sind, die uns antreiben. Es sei das andauernde Spannungsverhältnis im Gehirn, das der Mensch auszugleichen versucht und dabei intuitiv Wandel verursacht.

Was den Menschen evolutionär antreibt, seien eigentlich nur zwei zentrale Aufgaben, sagt Häusel: Überleben und Fortpflanzen. Um diese zwei Aufgaben zu bewältigen, haben wir im Gehirn sogenannte Emotionssysteme – eigentlich Motivationssysteme, die ständig für Impulse sorgen.

Das größte Emotionssystem ist das „Balance-System", das den Weg zu Sicherheit, Bewahrung und Ordnung weist. Ein weiteres wichtiges System ist das „Harmoniesystem", das soziale Bindungen, Fürsorge und Kooperationen regelt. Dann schon kommt unser „Stimulanz"-System, das Neues entdecken möchte und für Neugier und Genuss steht. Schließlich gibt es noch das „Dominanz"-System, das für Durchsetzung, Macht, Effizienz und Autonomie zuständig ist.

Widerspruch im Gehirn

Diese unterschiedlichen Emotionssysteme haben eine eigene Logik und stehen in einem ständigen Spannungsverhältnis. Auf der einen Seite gibt es bewahrende Systeme wie das Balance- oder das Harmonie-System, die jede Veränderung ablehnen. Als große Gegenkraft wirken die handlungsorientierten Systeme wie Stimulanz und Dominanz, die uns in die Zukunft treiben. Da diese Systeme unterschiedliche Ausrichtungen haben, entsteht ständig Widerspruch im Gehirn.

Die Menschen sind aber auch sehr unterschiedlich, was sich in ihrer Persönlichkeit zeigt. Es gibt Personen mit einem sehr ausgeprägten Dominanz-System (zum Beispiel Politiker oder Führungskräfte), Personen mit einem starken Stimulanz-System (beispielsweise Kreative, Künstler) und wieder andere mit großem Harmoniebedürfnis, die auf Kooperation aus sind (Sozialberufe, Teamplayer etwa).

Grundpersönlichkeit zählt

Wissenschaftlichen Untersuchungen zufolge haben in Deutschland etwa 58 Prozent der Bevölkerung ihren Persönlichkeitsschwerpunkt eher in bewahrenden Systemen, sagte Häusel, und das wird in Österreich nicht anders sein. Nur etwa 40 Prozent der Menschen sagen, dass sie bereit seien, Risiken einzugehen, um Neues auszuprobieren. Dass Neues in die Welt kommt, liegt also vor allem an Menschen mit starken Stimulanz- und Dominanz-Systemen, so der Hirnforscher.

Häusel: „Wir haben also eine Grundpersönlichkeit, die von Emotionssystemen her einen gewissen Schwerpunkt hat und die bestimmt, wie wir die Welt sehen und mit Neuem umgehen. Wenn etwa Menschen mit starkem Balance- und Harmoniestreben mit einer Krise konfrontiert werden, bekommen sie Angst. Leute mit starkem Stimulanz- und Dominanz-System hingegen sehen in einem solchen Fall eher die Chancen, die sich dadurch ergeben."

Alter und Geschlecht als Faktoren

Der Mensch verändert sich aber auch im Laufe der Zeit. Der erste Faktor, der hier eine Rolle spielt, ist das Alter. In jungen Jahren sind unsere expansiven Systeme (Stimulanz und Dominanz) noch sehr stark ausgeprägt, während die anderen Systeme dafür relativ schwach aufgestellt sind. Daraus resultiert dann eine extrem hohe Risikobereitschaft.

Häusel: „Je älter wir werden, desto konservativer werden wir und messen den Faktoren Sicherheit und Stabilität immer mehr Wert bei. Natürlich gibt es da aber auch große individuelle Unterschiede. Es gibt auch genug ältere Menschen, die immer noch sehr risikofreudig und offen für Neues sind. Umgekehrt gibt es auch Junge, die geistig so alt sind, wie sie körperlich gar nicht werden können."

Innovation ist vielfältig

Es lassen sich auch Unterschiede zwischen Männern und Frauen finden, erläuterte Häusel in Fresach. Bei Männern ist das Dominanz-System im Durchschnitt etwas stärker, bei Frauen das Harmonie-System. Wenn man sich das Thema Innovation anschaut, gibt es allerdings verschiedene Ausprägungen – zum Beispiel die technische oder die soziale und kreative Innovation. „Hier ist es so, dass Männer bei der technischen Innovation viel stärker vertreten sind, während bei sozialen Innovationen eher Frauen federführend sind."

Am Ende, so Häusel, sind es immer die Emotionen, die alles, was wir tun, im Hintergrund steuern. Das beginnt bei ganz alltäglichen Besorgungen bis hin zu politischen Entscheidungen. Deshalb sei es so wichtig, diese Emotionssysteme zu verstehen. Wenn uns das gelingt, diese Systeme und ihre Spannungsverhältnisse besser zu verstehen, verstehen wir auch die Welt besser. Und damit, wie das Neue eigentlich in die Welt kommt.

Der Vortrag und das anschließende Interview ist
unter dem Titel „Wandel mit Hirn" auf Youtube abrufbar.
https://www.youtube.com/watch?v=rEwZyqDlqrk

EUROPA im WANDEL

DAS NEUE IN DER WELT

Das Neue – die Veränderung - kommt meist unverhofft. Das gilt auch für die Ereignisse, die uns derzeit in Europa am meisten zu schaffen machen: Covid-19 und die Aggression der Russischen Föderation gegen die Ukraine. Historisch gesehen sind weder Pandemien noch Kriege neu. Trotzdem sind wir überrascht, damit neuerlich und unmittelbar konfrontiert zu werden.

DIE PANDEMIE

Die Gründerväter der Europäischen Union und der nachfolgenden Generationen hielten es nicht für notwendig, die Gesundheitspolitik zu vergemeinschaften und so auf die Bekämpfung von Pandemien vorzubereiten. Und dennoch war es notwendig, rasch und gemeinsam zu reagieren. Das gelang nur mühsam; am stärksten war die Gemeinsamkeit bei der Bekämpfung der wirtschaftlichen Folgen. Und es hat sich auch gezeigt, wie bedeutsam Forschung, Entwicklung und Produktion von lebenswichtigen Gütern, wie Impfstoffen und Medikamenten, im eigenen Einflussbereich der EU und ihrer Mitgliedstaaten sind.

Stärker europäisch zu denken und zu handeln heißt aber nicht, auf das Globale zu vergessen. Viren halten sich an keine Grenzen, und globale Lieferketten sind nicht generell obsolet geworden. Es muss nur wesentlich mehr Bedacht darauf gelegt werden, wie im Krisenfall rasch Ersatz für knappe Güter beschafft werden kann. Die Diversifizierung von Ressourcen und Produktionsstandorten ist daher notwendiger denn je. Europa braucht ein neues Gleichgewicht zwischen Globalisierung und Souveränität.

DER KRIEG

Kaum schien die Pandemie beherrschbar, fiel Russland am 24. Februar 2022 in die Ukraine ein. Nach russisch-nationalistischer Erzählung ist es ein „notwendiger" Krieg gegen ein „Nazi-Regime" in Kiew und gegen einen „aggressiven" Westen, der seinen Einflussbereich ausdehnt und zugleich „marode" und „verweichlicht" sei. Das Neue dieses Krieges ist das Alte einer imperialen Herrschaft und der Kampf um Einflusszonen, die Eroberungen von Land und Ressourcen zur Ausdehnung und Absicherung staatlicher (und persönlicher) Herrschaft.

DIE HERAUSFORDERUNG

Das Neue und zugleich Alte dieses Krieges verursacht enormes Leid. Politisch hingegen zeigt sich starke internationale Solidarität mit den Opfern, Geschlossenheit des geopolitischen Westens gegenüber Russland und darüber hinaus die Dringlichkeit der seit Jahren beschworenen Energiewende. Überdies sieht sich Europa veranlasst, aufzurüsten – zur Abwehr der militärischen Aggression aus Moskau. Das bindet enorme Mittel und betrifft soziale Maßnahmen gegen die Teuerung ebenso wie erforderlichen Mittel für den Wiederaufbau in der Ukraine.

Friede, Energie- und Lebensmittelsicherheit sind globale Aufgaben, sie betreffen jedes Land der Erde. Daher muss auch Europa global denken. Die Folgen von Covid-19 und Krieg haben dazu beigetragen, dass die Ungleichheit und Armut weltweit steigen. Vor allem die Lebensmittelsicherheit ist eine Aufgabe, die den reicheren Regionen zufällt – auch weil es die armen Regionen sind, die am stärksten unter den – vor allem von den reichen Industriestaaten verursachten – Klimaveränderungen leiden.

DER WANDEL

So dringend erforderlich wie finanzielle Mittel ist die gemeinsame Anstrengung, die gesellschaftliche Transformation in Gang zu setzen. Es geht dabei um nachhaltigere Energieformen und neue Technologien, um ein Umdenken, um den Auf- und Ausbau einer Kreislaufwirtschaft, das Recycling und die Wiederverwendung kostbarer Materialien. Dieser Wandel ist notwendig, doch er muss von den Menschen mitgetragen werden. Daher ist er auch eine soziale Aufgabe.

Zur gesellschaftlichen Transformation beitragen kann die verstärkte EU-weite und kooperative Forschung und Entwicklung sowie eine von allen Beteiligten getragene Energiewende samt Kreislaufwirtschaft. Das kann nur gelingen, wenn Politik und Zivilgesellschaft im Dialog die notwendigen Maßnahmen definieren und die sozial Schwachen bei besonderen Belastungen unterstützen.

DIE ZUKUNFT

Dem Neuen und Unbekannten begegnen die Menschen gelegentlich mit Interesse, in der Regel aber mit mehr Skepsis als dem Bekannten und Alten. Subjektive Einstellungen wirken oft stärker meinungsbildend und handlungsleitend als objektive Tatbestände. Für den Wandel, also dafür, das gewollte und notwendige Neue durchzusetzen, braucht es daher mehr an Anstrengung als mit dem Bekannten einen alten, eingefahrenen, vielleicht letztlich riskanten Kurs weiterzufahren.

Jetzt gilt es, Mut zu fassen und die Veränderung zu ermöglichen, den Widerstand gegen wissenschaftliche Erkenntnisse aufzugeben. Widerstand gegen Neues darf aber nicht gewaltsam gebrochen werden – jedenfalls nicht in Europa und nicht in einer demokratischen Gesellschaft. Nur mit pluralistischer Meinungs- und Willensbildung können existenzielle Maßnahmen zur Erhaltung der Lebensgrundlagen für künftige Generationen durchgesetzt werden.

Fresach, 4. Juni 2022 | Denk.Raum.Fresach
Dr. Hannes Swoboda, ETG-Präsident

Auszeichnung
Toleranzpreis für Sieglinde Rosenberger
Stadt Villach und Denk.Raum.Fresach
würdigen Integrationsforscherin

Die Wiener Politikwissenschafterin und Integrationsforscherin Sieglinde Rosenberger wurde mit dem Europäischen Toleranzpreis 2022 für Demokratie und Menschenrechte der Stadt Villach ausgezeichnet. Rosenberger habe Generationen von Studierenden für politische Partizipation, Diversität und Inklusion sensibilisiert, so die Begründung der Jury.

Sieglinde Rosenberger forscht und lehrt an der Universität Wien zu österreichischer und europäischer Demokratiepolitik mit Schwerpunkt Migration und Integration. Sie engagiert sich u.a. für humanitäre Aufnahmeprogramme und reguläre Wege der Zuwanderung aufgrund von internationalem Schutz. Außerdem ist sie Sprecherin des Forschungszentrums „Religion and Transformation" und seit 2018 Mitglied im Sachverständigenrat für Integration und Migration in Berlin.

Die Begründung der Jury im Wortlaut

Immer dann, wenn es um die Integration von benachteiligten Gruppen geht, um die Rechte von Frauen und um neue Formen der politischen Partizipation, zählt eine unaufgeregte Stimme. Gerade dann, wenn es um die Abwehr illiberaler Tendenzen und den Kampf um soziale Gleichheit geht, braucht es Besonnenheit im Ton, aber Unnachgiebigkeit im Tun. Beharrlichkeit und Ausdauer sind jene Eigenschaften, die das Wirken von Sieglinde Rosenberger auszeichnen.

Sieglinde Rosenberger hat ihr gesamtes Berufsleben und ihre wissenschaftliche Karriere in den Dienst der Frauenpolitik, Gleichbehandlung und Geschlechter-gleichheit gestellt. Die öffentliche Diskussion brennender Sozialfragen, der Umgang mit Zugewanderten, die Integration und Teilhabe benachteiligter Gruppen in der Gesellschaft, aber auch ein faires Asylwesen und die Weiterentwicklung von Demokratie und Menschenrechten waren und sind seit mehr als drei Jahrzehnten ihre zentralen Forschungsschwerpunkte.

Sieglinde Rosenberger kann ihre Leidenschaft für Demokratiebildung aber auch weitervermitteln. Viele junge Menschen in Ausbildung, eine ganze Generation von Studierenden und Lehrenden hat von ihrem Know-how und ihrem wissenschaftlichen Fundus profitiert. Sie erhält den Europäischen Toleranzpreis 2022 für Demokratie und Menschenrechte der Stadt Villach, weil sie es versteht, junge Menschen für den demokratischen Diskurs, für Toleranz und Verständigung zu begeistern.

Demokratischer Diskurs unerlässlich

Für die diesjährige Preisträgerin ist der nachhaltige und anhaltende Diskurs um Grund- und Freiheitsrechte eine Voraussetzung zur Verteidigung der Demokratie und universellen Menschenrechte. „Kampf, Streit und Auseinandersetzung lohnen sich dafür", sagte sie einmal in einem Radio-Interview. Sieglinde Rosenberger war unter anderem Mit-Initiatorin des Sozialstaatsvolksbegehrens 2002 und unterstützt die Initiative SOS Mitmensch.

Die gebürtige Oberösterreicherin studierte Volkswirtschaftslehre und Politikwissenschaft an der Universität Innsbruck. 1989 promovierte sie als Universitätsassistentin zu „Frauenfragen und Geschlechterfragen". Ein Schrödinger-Stipendium an der San Diego State University in den USA diente der Vertiefung ihrer Studien. 1995 habilitierte sie sich mit dem Thema „Geichheit und Diffferenzen", 1998 wurde sie als Professorin an die Universität Wien berufen.

Von 2003 bis 2004 war sie Schumpeter Fellow an der Harvard University, von 2004 bis 2007 Leiterin des Instituts für Politikwissenschaft der Universität Wien, danach Gastprofessorin am European University Insitute Florenz und an der chinesischen Universität für Politikwissenschaft und Recht in Peking. 2005 erhielt sie den Wiener Frauenpreis, 2013 den Käthe Leichter Preis und 2013 den Wissenschaftspreis des österreichischen Parlaments. 2018 erhielt sie den Wiener Staatspreis, das „Goldene Ehrenzeichen für Verdienste um das Land Wien".

Ein Videobeitrag von der Preisverleihung ist auf Youtube abrufbar
https://youtu.be/MnC3ONechiA

Die Geburt der Poesie

Oder: Wie kommt das Neue in die Welt?
Young Poetry Slam Fresach 2022

Alle Poetry Slam 2022 Auftritte in Fresach sind via Youtube unter dem Titel „Poetry Slam Fresach: Die Geburt der Poesie" abrufbar.
https://www.youtube.com/watch?v=Wdo9_zvHDgU&t=2728s

Trisha Radda
Wie aus Worten Lesestoff wird

Eine Autorin schreibt Fach- und Sachtexte.
Verkaufsbeschreibungen und jedes Politiker:innen-Feindplaket
haben Autor:innen.
Aber: Eine Schriftstellerin setzt sich hin und erschafft Dinge.
Alles, was sie haben will, muss sie erst erfinden. Und dann muss
irgendwer entscheiden, dass das, was sie erfunden hat, literarisch
genug ist. Literarischen Wert hat. Und nur wenn es gut genug ist,
ist es Literatur. Ist es Hochkultur. Und wird von ein paar Idioten
analysiert und zerstückelt, damit es in den Kanon aufgenommen
werden kann.

Eine Schreiberin. Ganz oben. Einsam und beobachtend. All-
Wissend. All-Fühlend. All-Mächtig.
Echtes Schreiben geht doch nur mit dem Stift in der Hand, nicht
am Computer.
Echtes Schreiben geht doch nur, wenn man säuft oder auf Drogen ist.
Echtes Schreiben geht doch nur, wenn man selbst leidet!

Wie oft willst du noch romantisieren, was Schreiben heißt?
Manchmal heißt Schreiben nur Arbeit. Nur Deadlines. Nur schnell
fertigzumachen, um bezahlt zu werden.
Echtes Schreiben heißt hinsetzen, auch wenn du keine Lust hast,
und die Muse noch nicht geküsst hast. Es heißt weiterzumachen,
obwohl du dauernd verzweifelst, zu löschen, was du grad vorhin
noch gut gefunden hast. Zu lösen, was du niemals verstanden hast.
Und zu erfinden, was du noch gar nicht weißt.

Schreiben heißt, Rechnungen schreiben und Veranstaltungen
organisieren. Es heißt Recherchieren. Es heißt Strukturieren.
Es heißt, Sätze zusammenzustückeln, bis sie Sinn ergeben. Es
heißt, real existierende Feinde unerkennbar zu machen, bevor du
veröffentlichst. Es heißt, Marketing zu machen und Buchhaltung.

Ich muss einmal im Monat Miete und Versicherung zahlen, obwohl
ich manchmal monatelang auf mein Geld warten muss.

Und jetzt regst du dich auf, weil du mit deinem 14. Gehalt 10 Euro
Eintritt für mich zahlen musstest? Ich weine dann gleich, okay?

Und dann stellst du dich hin und versuchst, meine Texte in
Schubladen zu stecken! Wie unhöflich!
Was bevollmächtigt dich dazu, zu sagen:
Das ist Literatur!
Das ist Schund!
Damit muss jedes Kind gequält werden!
Das lesen Kinder freiwillig, also wie gut kann das schon sein!
Davon muss man jedes Wort 100 mal analysieren.
Das liest man einmal, während man am Klo sitzt oder auf den Bus wartet.
Dieses Buch wird dein komplettes Leben vollkommen auf den
Kopf stellen!
Daran wirst du verzweifeln.
Das zu lesen macht Spaß!

Wieso dürfen Texte nicht alles? Wieso musst du dich für einen
Stapel entscheiden?
Schund oder Literatur?
Prosa oder Poesie?
Nur für Kinder oder nur für Erwachsene?
Thomas Mann oder Thomas Brezina?
Frage: Wer hat mehr Menschen zum Lesen gebracht? Was glaubst
du, wem wir Schreiber:innen mehr Dank schulden?
Vergesst doch endlich diese Arroganz! Hört auf, mir zu sagen, was
ich lesen muss, um ein belesener Mensch zu werden.
Welche Bücher hast du genommen und verschlungen und welche
wieder weggelegt?

Wenn du berechnen und analysieren willst, beschäftige dich mit
Mathematik. Wenn du Schubladen füllen willst, räum endlich deine
Wäsche weg, die seit Tagen frischgewaschen auf dem Sessel liegt.
Aber sag mir nicht, was ich mit dem Text und mit dem Wort sagen
wollte, sag mir nicht, dass ich depressiv bin, weil ich vor zehn
Jahren mal schwarze Vorhänge beschrieben habe. Sag mir nicht,
was mein Text aussagt.
Sag mir lieber, ob du beim Lesen Spaß hattest!

Da Wastl
Rede zur Plage der Nation

Liebe Mietbürger innen und Obdachlose außen!
Liebe 2G-ler, liebe Booster, liebe Huster … *husthust

Die Abgründe, vor denen wir in Österreich stehen, sind tiefer
als anderswo, denn wir haben wesentlich mehr Berge. Aber kein
Wunder, dass wir nie über den Berg sind, wenn dann schon der
Nächste kommt. Um über den Berg zu sein, muss man bekanntlich
einen Kamm passieren – aber wer passiert noch Kämme?
Die meisten Haushalte müssen sparen und haben nur noch
Gemeinschaftsbürsten. Der Scheitelpunkt ist längst überschritten,
und wir verlieren die Kontrolle über das, was über unseren Köpfen
passiert.

Auf die Frage, ob es uns ohne Berge besser ginge, sag ich nur:
„Burgenland – nein, Burgenland" !

Wie ist aber nun die Plage der Nation?
Wir sind ein Binnenstaat und die Plage ist mittig.
Ein Geograf würde behaupten zentral.
Ich würde behaupten: „Kommt drauf an, von wo man schaut."
Er würde sagen: „auf Europa" und ich würde sagen: „auf eine Karte".
Er würde sagen: „Fachbegriffe sind wichtig" und ich würde sagen,
dass er sein Fach begriffe, ist ebenfalls wichtig.

Wichtig ist ...
es geht um alle Menschen zwischen Nord- und Südpol, wenn ich
zu polarisieren versuche.
Jetzt denken Sie: „Hä? Ich versteh nur Bahnhof!"
Da müssen Sie sich aber selbst an der Nase nehmen,
denn ich hab mit keinem Wort Bahnhof erwähnt.
Sie fragen sich, was will er mit dieser Rede ausdrücken?

Dazu muss ich sagen, zum Ausdrücken verwende ich eine Presse,
denn jedem ist selbst überlassen, wie er sich ausdrückt, das nennt
man dann auch Pressefreiheit.

Viele geben die Schuld an allem der EU. Ich stelle mir aber schon die Frage: „Was können zwei Großbuchstaben dafür, wenn die Menschen bisher nicht selbst erkannt haben, dass, wenn man EU vervielfacht, nur ein verzweifeltes EUEUEU bleibt."

Europa ist beherrscht von der freien Marktwirtschaft, während sich Österreich weiter auf Vetternwirtschaft konzentriert. Wie sieht dann aber aufgrund der rückgängigen Geburtenrate unsere Zukunft aus? Denn bald wird es nicht mehr genug Vettern in Österreich geben! Die Wirtschaft wird wieder im Keller sein, und wir ziehen anstatt von Investoren wieder Inzestoren an.

„Ja", das Leben ist eben kein Wunschkonzert, und wenn in Österreich etwas erfüllt wird, dann sind es wohl Klischees, aber versuchen wir es mal positiv zu sehen und stellen uns die Frage: „Wo wäre Europa ohne Österreich?"

✓ Der History-Chanel wäre ohne Nazi-Dokus wohl nur ein 24-Stunden-Störbild

✓ Das EU-Parlament hätte kein Negativbeispiel

✓ Die Deutschen müssten mit Schuldgefühlen über den Zweiten Weltkrieg alleine zurechtkommen

✓ Frankfurter würden auch in Frankfurt Frankfurter heißen.

✓ Fussball wäre wesentlich attraktiver

✓ Kitzbühel wäre das Problem von Oberitalien

✓ Die Red Bull Zentrale wäre noch immer in Salzburg, aber Salzburg würde RedBull heißen und das Positivste:

✓ Herbert Kickl wäre nie geboren und wenn, dann wäre er kein Österreicher.

Jetzt mal ehrlich. Österreich und Kultur in einem Atemzug zu nennen, ist nicht nur durch Long Covid schwer geworden. Die Situation ist nicht nur in den Fitnessstudios angespannt. Archaische Zeiten stehen bevor, wenn die Menschen mehr Klopapier als Essen kaufen, denn man scheint vergessen zu haben, dass sich Input und Output immer die Waage halten sollten.

Sie merken an meiner Rede, wir leben in unsicheren und verwirrenden Zeiten, denn auch ich bin schon selbstbewusster aufgetreten. Aber wie sagt man so schön: „Selbsterkenntnis … ist der beste Weg zur Depression!"

Die Kulturschaffenden in unserem Land leben von einem Butterbrot. Die steigende Zahl an VeganerInnen in der Kunstszene führt aber dazu, dass sich immer mehr KünstlerInnen die Butter vom Brot nehmen lassen, sodass wir einen Übergang zur brotlosen Kunst bemerken.
Es gibt immer mehr So-Ja statt So-nicht KünstlerInnen.
Diese wollen nicht verstehen, dass man einem linken Publikum keine linken Ideologien vermitteln muss, denn das ist als lese man Kindern abends Geschichten
über das Zuhören beim Geschichtenvorlesen vor, und die würden sich dann auch fragen: „Warum versuchst du mir etwas zu erklären, was ich ja schon mein Leben lang mache?"
Es wäre an der Zeit, mehr Eigenverantwortung abzugeben, wenn man zu blöd zum Denken ist. Wer Freiheit und Grundrechte propagiert, muss auch demokratische Entscheidungen akzeptieren, die aufzeigen, dass man eine Minderheit ist. Ich bin auch seit zwei Jahrzehnten für die Legalisierung von Gras, und der einzige Grund warum ich meine Meinung ändern würde, wäre, wenn Herbert Kickl plötzlich meiner Meinung wäre.

Wenn Ihnen solche Ausdrucksweisen zu weit gehen, dann kann ich meine Rede das nächste Mal auch auf A3 veröffentlichen. Dann würden Sie sagen: „Das hat Format!" und ich würde erwidern: „Das hatte DINA4 aber auch!"

Jetzt aber zurück zur Plage der Nation.
Wir sind immer noch ein Binnenstaat. Auch wenn Flachwitze nur im Burgenland gut ankommen, sind Meinungen auf nationaler Ebene abschüssig. Die Gesellschaft ist im Winter auf Talfahrt und im Sommer in Kroatien.

Somit, liebe Mietbürger innen und Energiepreisopfer außen, halten Sie weiter die Ohren steif, weil sonst die Maske verrutsch, und wählen Sie Klaus Hipp, den vertrauenswürdigen Mann, der in

Cordhosen durch Felder streift und als erwachsener Mann nichts anderes als Babybrei kochen kann, zum Bundespräsidenten, denn wer möchte nicht vom Balkon des Belvedere den Satz hören: „Österreich isst Brei und unsere Hirne auch".

Welche Leere ziehen wir nun aus dieser Rede. Ich hoffe die totale Leere. Mein Tipp an alle Hirnlosen für die Zukunft, weniger Missionarsstellung, mehr Fragestellung!
Lassen Sie sich nicht mehr pflanzen, lassen Sie das mit dem Fortpflanzen und pflanzen Sie Hoffnung durch Pflanzen.
Wenn Sie jetzt noch Fragen haben, dann haben sie mich verstanden. Also fragen Sie, aber bitte nicht mich.

Shafia Khawaja
ALTE weiße MÄNNER

Alte weiße Männer
haben so einen schlechten Ruf,
immer sind sie an allem schuld,
sind die Zielscheibe studentischer Konversationen,
das Feindbild von Feministinnen,
aber
ich muss euch gestehen,
alte weiße Männer können manchmal durchaus sexy sein!

So mit ihren grau melierten Haaren,
die sich an der gerunzelten Denkerstirn schon etwas lichten,
und in ihren Geheimratsecken Mysterien verbergen,
ihre weißen Bartstoppeln, die dich so neckisch am Hals kratzen
können,
und ich weiß nicht, aber der Hals ist ja ne erogene Zone,
und bei mir fängts da schon durchaus an, woanders zu kribbeln.
Und auf alten Schiffen lernt man segeln, nicht wahr?
Zwinker, zwinker.

Ich meine MYLF ist ja schon sowas von out of date,
ich hätte schon gerne 'n DYLF, einen Daddy you'd like to fuck,
so einen alten weißen Mann, der bestimmt einen Schlüssel hat,
den er schon in viele Schlösser gesteckt hat,
und verriegelte Jungfräulichkeit viel besser öffnen kann,
als jemand Unerfahrener.

So ein alter weißer Mann,
der Schlager hört, manchmal ein bisschen zu viel,
und dann vor sich hin summt:

Ich will mich nicht verändern, um Dir zu imponier'n
Will nicht den ganzen Abend Probleme diskutier'n
Aber eines geb ich zu,
das, was ich will bist du.

So ein alter weißer Mann weiß, was er will,
der steht mit beiden Beinen fest im Leben.
Und so ein Milchbubi in meinem Alter,
wäre wahrscheinlich eher ein

Verdammt ich lieb dich, ich lieb dich nicht,
Verdammt ich brauch dich, ich brauch dich nicht,
Verdammt ich will dich, ich will dich nicht,
Verdammt ich will dich nicht verlieren.

Nee das Hin und Her brauch ich nicht,
aus dem Alter, wo wir noch Gänseblümchen rupfen, bin ich raus.
Ich will jemanden, der weiß, was er will. (mich!)
Alles andere kann man sich sparen!

Ja sparen müsste ich mit 'nem Typen
in meinen Alter ja auch noch!
Studierende können sich ja nie was leisten!
Aber mein Sugardaddy kann mich zum teuren Italiener ausführen,
und mit mir Champagner nippen,
Tiramisu zum Dessert löffeln,
in Löffelstellung im Bett liegen,
und flüstern:

Ohne dich schlaf ich heute Nacht nicht ein,
Ohne dich fahr ich heut' Nacht nicht heim.

Ladies Protipp:
So spart man sich auch gleich die Taxikosten!

So ein alter weißer Mann
ist schon in der Chefetage,
da muss ich mich nicht erst durch seine Angestellten bumsen.
Wenn ich schon oben anfange,
muss mich nicht mehr hochschlafen,
merkt Euch das Ladies!
Im Bett immer in Reiterstellung gehen, immer oben bleiben,
und dann die Führungsposition im Job fortführen.
So kommt man viel schneller ins Management!

Verdient selber so viel,
dass ihr auch mal was für euren Schatz springen lassen könnt,
werdet zur Sugartochter!
So wie Laura Müller, die hat dem Wendler glatt ein neues Auto
geschenkt!
Ja Schatz, ist für dich Schatz,
weil ich dich so liebe,
Schatz!

Wenn ihr's richtig macht,
verdient ihr einen Haufen Geld,
und habt on top (zwinker),
euren alten, weißen, finanziell gut gestellten Mann,
und in dem Alter wundert's auch nicht so sehr,
wenn man mal krank wird,
oder einen Herzinfarkt hat,
oder stirbt.
Lasst euch auf jeden Fall vorher ins Testament eintragen,
und kassiert das Erbe!
Auf was Anderes ward ihr ja eh nie aus, oder?

So ein alter weißer Mann,
ist wie ein 2in1-Produkt,
das ist wie Duschgel und Shampoo in einem,
auch wenn die Leute denken, man ist nicht ganz sauber
und ja vielleicht fühlt man sich
manchmal ein bisschen dirty,
aber es ist ein 2in1-Produkt,
Lover und Vater in einem.
Und warum sollte man sich entscheiden,
wenn man beides haben kann?

Amal ist auch 17 Jahre jünger als George Clooney,
Sky du Mont ist 30 Jahre älter als Mirja,
und Clint Eastwood war über 15 Jahre
mit seiner Adoptivtochter verheiratet,
für die hat er dann seine Frau verlassen,
also quasi Adoptivmutter von seiner neuen Freundin.

Ja weird, ich weiß.
Die Grenze ist dünn und der Grat ist schmal,
da ist es irgendwie noch ok,
bisschen befremdlich, aber ok,
irgendwie noch so: Alter spielt doch keine Rolle,
Alter ist doch nur eine Zahl,
und da ist man schon das Betthäschen mit den Daddy Issues,
und auf einmal wird man angeschaut,
als wäre man Lugners neue
Mausi, Hasi, Katzi, Spatzi, Bambi oder Kolibri.

Da bahnt sich schon die Schlucht der Abhängigkeiten,
und dort hinten geht's bergab
ins Machtgefälle toxischer Beziehungen,
aber hier zwischen, wo wir uns auf Augenhöhe begegnen,
ist es nicht deine Aufgabe zu urteilen,
denn alte weiße Männer können manchmal durchaus sexy sein.

Silke Gruber
Geben und Nehmen

Es ist ja alles und immer ein Geben und Nehmen.
Als winzig kleiner Zellklumpen habe ich bereits genommen.
Platz genommen in deinen Eingeweiden, Mama.
Deinen Blutkreislauf, deinen Körper in Anspruch genommen.
Dann bin ich zur Welt gekommen – es blieb ein Geben und
Nehmen:
Du hast auf mich Acht gegeben (so gut es ging).
Du hast auf mich Rücksicht genommen (so gut es ging).
Du hast mir Erinnerungen gegeben ...

I hea deine Stricknådln klappan.
Du stricksch Handschuach für mi: Faischtling, de mit oana dünnen
Kordl vabundn sein,
dass i sie nit valier. Und wenn ma sie gråd nit braucht,
kånn ma außaschliafn und sie oanfåch so links und rechts oihängen
låssn,
gånz lässig ausn Jaggnärml außa ...
I håb so lang gmoant, des isch dei geniale Erfindung!
Aufnåcht bisch miad.
Du sitzsch vorm Fernsea und hängsch deine Fiaß in a Schaffl mit
hoaßm Wåssa.
Die Stricknådln klappan.
Es gleiche Schaffl stellsch ma vors Bett, wenn i grånk bin und
vielleicht speibn muaß.
Wenn i Fiaba håb, måchsch ma Essigpåtschn aus die
Stofftåschntiacha vum Opa.
Du legsch ma an kåltn Wåschlåppn auf die Stirn.
Die Nådln klappan.
Wenn i Geburtståg håb, kochsch ma an Milchreis mit Zugga und
Zimt.
Wenn i nit schlåffn kånn, richtesch ma a wårme Milch mit Honig.
Und nå hea i wieda lei
die Stricknådln klappan.

*

Auch du, mein Kind,
hast als winziger Zellklumpen Platz genommen in meinen
Eingeweiden.
Du hast zugenommen, bist herausgekommen, es bleibt ein Geben
und Nehmen:
dir die Brust geben
auf dich Rücksicht nehmen
auf dich Acht geben
dich in den Arm nehmen
in Kauf nehmen, dass du schon drei bist und immer weniger auf
meine Hilfe angewiesen
dich ernst nehmen
dir die Hand geben, wenn wir die Straße überqueren
dir keine Ohrfeige geben, auch wenn du mir ein Matchboxauto
direkt an die Schläfe wirfst
annehmen, dass du ein eigenständiger kleiner Mensch bist,
der doch gerade noch ein Zellklumpen war
zugeben, dass ich auch nur ein Mensch bin
*

Wahrnehmen, dass du, mein Kind,
schon zwölf bist und oft nicht alles hören willst, was ich zu dir
sage
dir immer wieder einen Vertrauensvorschuss geben
es nicht persönlich nehmen, dass du dich auf deinem Weg von mir
entfernst
es mit Humor nehmen, dass du den Physiktest versaust, indem du
die durchschnittliche Geschwindigkeit eines Igels mittels Formel
auf genau 1200 km/h berechnest
dich ernst nehmen
dich an die lange Leine nehmen
dir selbst die Zügel in die Hand geben
dir Schritt für Schritt die Verantwortung für dein Leben übergeben
aber dir immer noch die Nägel schneiden
zugeben, dass ich auch nur ein Mensch bin, wenn ich sie zu kurz
schneide

sich daran erinnern, dass du einmal als winziger Zellklumpen in
mir Platz genommen hast
*

Damit angeben, dass du, mein Kind,
schon volljährig bist und dich zur Streber-Studentin entwickelt
hast
dir niemals, niemals übelnehmen, dass du dich nicht öfter meldest
an deinem Leben Anteil nehmen, auch wenn es nicht mehr unser
gemeinsames Leben ist
dir das Gefühl geben, immer willkommen zu sein
dankbar wahrnehmen, dass aus einer coolen Socke eine
wunderbare junge Frau geworden ist, die immer noch eine
verdammt coole Socke ist

und immer
und immer wieder genießen,
was ihr, meine Kinder, mir gebt
an Glück und Lebenssinn.

sich erinnan, wia da Milchreis grochn håt – sich geborgen fühlen
sich erinnan, wia die Nådln klappat håm – sich geborgen fühlen
an kåltn Wåschlåppn auf die hoaße Stirn gleg griagn – sich
geborgen fühlen

Hoffn, dass es drei
a ohne Essigpåtschn
schiane Erinnerungen håbn weads.
Nämlich eire gånz
eigenen.

Sich geborgen fühlen.
Es gib nix Wichtigas.

Katharina Wenty
Es l(i)ebe der Tod

Auf einer bunten Blumenwiese,
einem Pastellfarbenparadiese,
so schön, dass selbst Tiere hier nicht jagen,
solch Schönheit zu zerstören nicht wagen,
gar lieber ihre Namen
jenen Pflanzenwesen leihen:
Bärlauch, Löwenzahn und Gänseblümchen gedeihen,
Schafgarben, Tigerlilien in Reihen,
und selbst Disteln
fisteln mit beinah' gleich viel Charme wie Misteln.
Hier, wo der Boden wie ein vollkommenerer Sternenhimmel wirkt,
stirbt auf einmal alles, was die Füße jenes Eindringlings berührt:

Eine hagere Gestalt, bleiches Antlitz, in einen schwarzen Umhang
eingeschnürt.
Krähen krächzen in einem unheilvollen Chor,
Blumen ächzen ihren letzten Blütenstaub hervor,
windstill und starr,
verharrt Kälte wie im Februar.
Ein Pastellfarbenparadiese mit einem toten Blumenpfad,
und jene Gestalt, die stets verheißt den Sarg,
schreitet unbeirrt durchs wilde Knospenmeer:
Seine Majestät persönlich,
ja, der Tod.

Doch kaum ein paar Sekunden ewig schlafend,
heben die vorhin gemordeten Pflanzen wieder ihre Köpfe,
die Pusteblumen schütteln gar ihre Schöpfe
und verlieren ihre letzten grauen Samenhaare,
die im Fluge bilden Liebespaare,
denn, ach, so kommt der Tod,
so kommt das Leben,
stirbt das Leben, lebt der Tod.
Und tatsächlich betritt nun,

Ihre Majestät persönlich,
ja, das Leben jene Lichtung.

Und hier, wo der Sternenhimmel wie eine prachtvollere
Blumenwiese wirkt,
lebt auf einmal wieder alles, was die Füße jener Fremden berührt:
Eine grazile Gestalt, sommersprossiges Gesicht, in ein feuriges
Kleid eingeschnürt.
So wie die Toten nun wieder leben,
so dreht der Tod sich zu dem Leben,
und erschrickt angesichts der Schönheit seines Gegenteils,
welches ihn keck anlächelt, bevor es beginnt zu tanzen.
An Größe und Pracht wachsen um sie herum die Pflanzen,
wippen ihre Köpfe im Takt des Lebens Luftsprünge und
Hüftschwünge.
Einzig um den Tod herum bleibt ein tristes, kleines Feld an Tod.
Doch das Leben fühlt sich von jenem nicht bedroht,
sondern beginnt sich wild um ihn herumzudrehen,
und als dem Tod vor entzückendem Gefallen
fast die Augen herausfallen,
bleibt das Leben plötzlich vor ihm stehen.
Der Tod räuspert sich vornehmlich,
bückt und pflückt nun eine Rose, die er dem Leben darreiche,
doch sowie er den Stängel angreife,
verwandelt sich die Blume zur Leiche.
Etwas peinlich berührt hält er ihr dennoch die verwelkte Rose hin,
doch das Leben stemmt die Arme in die Hüfte und ruft:

„Was willst du, Tod, denn von mir?
Du bist jedermanns Feind – im Gegensatz zu mir!
Bringst den Menschen nur Untergang sowie Verderben,
du zerstörst meine Werke, darum kann aus uns beiden doch nie
etwas werden."

Dem Tod fallen erneut fast die Augen aus,
er ruft: „Leben, sprich freiheraus,
du hältst dich wohl für besser als mich?
Aber ich bin unvergänglich, du bist es nicht.

Ich, ja, ich, bringe erst deinen Wert zum Vorschein,
denkst du, ich sei der Schrecken der Menschen? Nein!
Ich bin die Erlösung ihres Lebens, ich vollende was du geschaffen,
und wenn meiner Kunden Wunden klaffen,
dann säubern sie meine Tränen,
doch die meisten Menschen sehnen
sich sowieso schon längst nach mir,
und ich begrüße sie wie ein Freund nach einem harten Arbeitstag.
Kurz ist meine Tat, entweder als Kuss oder als Schlag,
du hingegen weilst zumeist lange,
birgst nur krisenreiche Belange,
und niemand, wirklich niemand weiß, was überhaupt dein Sinn ist!
Vielleicht bin ich der Höhepunkt des Lebens eines jeden
Organismus',
ein Abschluss des Lebens,
ein Ausfluss an Leben,
ein Lebens-Orgasmus!"

Da erbleicht das Leben, wird gar blasser als sein Gegenüber,
die Lippen zittern, der Blick wirkt trüber.
„Tod, geh' sterben!",
kreischt das Leben und kehrt ihm weinend nun den Rücken zu.

„Ach, wenn ich nur könnte", lächelt der Tod und fügt
entschuldigend hinzu,
„Leben, bitte verzeih' mir meine aufgebrachten Worte,
hab gesehen zu viele Morde,
als dass ich den Sinn von irgendetwas noch versteh',
doch dich verletzt zu sehen, tut weh.
Vielleicht sind weder du noch ich gut oder böse,
du die im Vordergrund Lebhafte, ich der im Hintergrund
Mysteriöse.
Vielleicht sind wir beide füreinander geschaffen,
weil wir einander Sinn erschaffen.
Denn ohne mich kannst du nicht sein,
und ohne dich bin ich dein Schein.
Siehst du denn nicht, dass wir abhängig voneinander?"

Das Leben lauscht aufmerksam, wenn auch ein klein wenig
durcheinander.
Es betrachtet den Tod
durch tränengesäumte Augen,
seine letzten Worte, die will es ihm glauben,
und in seinem Kleidchen, zinnoberrot,
greift es zaghaft nach des Todes Rose,
die da herabhängt so lose,
von dessen bleicher Hand gehalten.
Als das Leben des dürren Blattskeletts Falten
sachte berührt,
spürt die Blume neue Kraft,
das Leben selbst schenkt ihr neuen Lebenssaft,
sodass die Rose erwacht zu solcher Röte,
wie selbst der Abend sie niemals besaß.
Des Todes Hand, so blass wie Glas,
greift zögernd nach der Hand des Lebens,
und so ward die Symbiose des Nehmens und Gebens,
durch die Bekanntschaft des Todes und seines Lebens.

Katharina Wenty
Mehr Raum in der Welt

Wien, Österreich.
Es geht um Hände, die an falschen Körperstellen liegen bleiben,
um Blicke, die zu lange auf Lippen verweilen,
anstatt die leisen Worte, die jene formen, zu hören.
Es geht um ein Nein, das kein Jein ist,
das auch zu keinem Ja wird,
selbst wenn Du noch einmal fragst,
sondern ein Nein, das ein Nein ist
und auch bleibt,
egal wie zögerlich zart
es gesprochen wird.
Es geht darum, dass, als Du neulich im zehnten Bezirk,
leicht angeheitert, aber noch nicht betrunken,

um die Ecke gebogen kamst und die Frau, die am Boden
niedergesunken,
eines kurzen Blickes bedachtest,
eines zweiten,
nochmal kurz über die Schulter
ein dritter,
aber dann
einfach weitergingst.

Mumbai, Indien.
Akhila ihr Name,
der ihres großen Bruders Vinod.
Und Vinod geht jeden Tag in die Schule, während Akhila zuhause
bleibt,
doch als Akhila Papa mal fragte, warum Vinod lernen darf wie
man schreibt
aber sie, statt Buchstaben und Zahlen, Zutaten und Rezepte können
muss,
schenkte Mama ihr einen Kuss,
und Papa einen verächtlichen Blick, bevor er rief: „Vinod,
das ist eine Investition,
durch ihn bekommen wir eine Frau ins Haus plus ihre Mitgift!
Der für die Lippen ist der einzige Stift,
zu dem du darfst greifen,
denn zwischen deinen Rippen reifen
zukünftige Sippen,
die wir uns nicht leisten können,
und bis Töchter leisten können,
sind sie schon in der Familie des Gatten,
so bleibt uns nur ihr finanzieller Schatten."
So wäscht Akhila des Tags brav ihre Tücher,
doch des Nachts lernt sie heimlich Vinods Bücher.
Und als Vinod einmal seine Aufgabe nicht lösen kann,
hilft ihm Akhila, und irgendwann
entpuppt er sich als Klassenbester
mit den Aufsätzen seiner Schwester,

die ihn bekocht und Böden schrubbt
mit einem IQ von über einhundertfünfzig,
der weder jetzt noch künftig
jemals erkannt wird,
weil in dieser Welt der Kapitalismus regiert,
jedermann den Wert von Frauen negiert.
Aber Akhila ist und bleibt ein Geschenk,
und nur auf ihrem mit braunem Henna fein gemusterten
Handgelenk,
ja, in jenen Blüten und Blätterzeichnungen,
lässt sich erahnen ihr herausragender Intellekt,
denn dort sind mathematische Gleichungen
neben poetischen Sätzen versteckt.

Iriba, Tschad.
Sie heißt Mara, zwölf Sommer jung, seit vorgestern verlobt,
damit sie nun ihre weibliche Pflicht in der Ehe erprobt,
um endlich die Familie finanziell zu entlasten
und zu beenden Mamas fürsorgliches Fasten.
Mara wird so ja auch geschützt vor einer Vergewaltigung
oder – Gott behüte – einer unehelichen Schwangerschaft,
denn damit wäre die ganze Familie mit Schande bestraft,
und um die Tradition nun zu wahren,
heiratet sie einfach mit zwölf Jahren
ihren Cousin,
der knapp neunundzwanzig Winter zählt.
Das ist mehr als doppelt so viel Zeit wie sie jemals erlebte
und erleben sollte,
denn sie wusste zwar, dass das ihr Leben ist,
auch wenn sie fühlte, dass das nicht wirklich Leben ist.
Aber in jener Hochzeitsnacht,
die sie durchgehend zitternd im Bett verbracht,
nachdem das Raubtier an ihrer Seite sich seines Pyjamas entledigt
und sie ihre Pflicht als Ehefrau erstmalig erledigt,
wurde ihr klar, dass leben nicht gleich Liebe heißt,
aber lieben immer Leben verheißt.
So wurde das Hochzeitsbett zu ihrem Grab,
da in jener Nacht ihre Kindheit verstarb.

Erde, Milchstraße.

Es geht hier darum, dass weltweit jede fünfte Frau minderjährig
verheiratet wird
und ebenso wird jede Fünfte von ihrem Ehemann missbraucht oder
geschlagen.
Es geht hier darum, dass 130 Millionen Mädchen keinen Zugang
zu Bildung haben.
Es geht um das Recht auf Abtreibung
sowie das Aufhören von Abtreibung spezifisch weiblicher Föten.
Es geht um Milliarden von Menschen, die alle auf einem Planeten
leben
und jeder ist einzigartig: du nicht wie die daneben.
Denn nur, weil meine Eltern irgendwann irgendwo Sex
miteinander hatten
und dann zufällig das X-Chromosom schneller war als manche
Ypsilons,
heißt das nicht, dass ich deswegen weniger Rechte habe als
Männer,
weil, verdammt, ich war die Schnellste
und hab mir meinen Platz auf dieser Welt genauso unverdient
verdient,
wie all die anderen Menschen hier.
Ich weiß, dass ich ein weißes, privilegiertes Mädchen aus
Österreich bin,
doch die Geschichten jener Frauen bleiben die Geschichten jener
Frauen,
niemand kann das ihnen stehlen,
aber man kann mal hin- statt stets wegschauen
und davon erzählen.

Leben ist doch nichts anderes als Intensität gemessen an Zeit,
Liebe abhängig von der Persönlichkeit einer Person,
nicht von XX oder XY-Chromosomen.
Und wenn sich Menschen bereits in den Weltraum trauen,
warum dann nicht auch mehr Raum in der Welt
für uns Frauen?

Sergio Garau
Alice e il BancoMatto

♪

-Avviso ai signori passeggeri di questo volo: stiamo precipitando.
Siete invitati a mantenere la calma.
Tirate indietro lo schienale, slacciatevi la cintura di sicurezza,
e, se vi piace, fumatevi anche una sigaretta,
tanto ormai non c'è tempo, non c'è tempo, il mondo sta finendo,
sta finendo.

Così va ripetendo il BianConiglio,
vestito da comandante di aviazione,
mentre corre per le strade della città.
E Alice, come sempre, lo insegue, e gli dice:

-Ma no signor BianConiglio,
basterà seguire dei Valori buoni, chiari e universali
e lei vedrà come il mondo cambierà.

Il BianConiglio non dice altro,
s'infila in un vicolo e scompare.
Alice lo cerca dappertutto
finché non s'imbatte in un essere un poco singolare:

Sportello Automatico BancoMatto:

Per-me-si-va-nel-tuo-conto-corrente
Per-me-si-ritira-qualunque-valore
Per-prelevare-valute-contate
E-banconote-di-ogni-colore
Lasciate-ogni-speranza-e-digitate
il-PIN

Allora Alice si mangia un pezzetto
di quel magico funghetto che la rimpicciolisce
e si appiattisce e si inserisce al posto della carta
là nella fessura e
Alice cade nella tana del BancoMatto e precipita tra i grafici che

picchiano e i titoli che crollano giù accelerando verso il basso
Alice vede una Borsa appesa a un filo e ci si appiglia:

-Che fortuna, la BorsaValori,
chissà quali Valori conterrà?
Amicizia, Amore, Fratellanza, Solidarietà, …

Pensa Alice e apre la Borsa tutta speranzosa
ma dentro ci trova solo
la LupaCattiva, obesa e abnorme,
intenta a sbranarsi la fetta di una S.p.A.:

-Che pancia grande che ha- dice Alice
-È perché mi mangio tutto- risponde la LupaCattiva
-mi mangio CappuccettoRosso,
la nonna, la mamma, la casa, il bosco,
i mutui, subprime,
i risparmi dei privati, le riserve d'oro degli stati, …

e il filo della borsa si è spezzato già da tempo
e Alice cade ancor più dentro
il vano e vuoto BancoMatto senza fondo.

-Non c'è tempo, non c'è tempo,
il mondo sta finendo, sta finendo- dice il BianConiglio
mentre tutto intorno crolla.

-Ma a me chi me lo fa fare di cadere?- pensa Alice e dice:
-Fermi tutti, questa è una rapina!
Perché mi rubate il futuro
e quando me lo restituirete? Il futuro
lo pagherò caro, lo pagherò tutto,

questa è una rapina: o la borsa o la vita,
scegliete la borsa o la vita,
e se il mondo s'è ridotto a una moneta
per scivolare meglio nelle borse e nelle tasche voi rivoltatevi
le tasche, e rovesciatele
le borse e
tiratene fuori tutto quello che vi resta di valore perché

♪

-Avviso ai signori passeggeri di questo mondo:
stiamo precipitando
siete invitati a mantenere la calma,
il sensuale personale di bordo vi ha distribuito un pezzetto
di quel magico funghetto
che fa rimpicciolire, e voi assaggiatelo,
sta già facendo effetto,
incominciamo a decrescere,
a sentirci meglio, più leggeri,
non stiamo più precipitando,
ma planando, quasi volteggiando,
e se volete davvero vederne delle belle,
mangiamone ancora un pezzetto
e risaliremo a riveder le

Sergio Garau
Alice in Monopoland

♪

„Ladies and gentlemen of this airplane, we are falling down.
We request you to keep calm and carry on.
Recline your seats, unfasten your seatbelts
and, if you wish, have one more cigarette,
but now there´s no time, no time, this is the end, the end of the
world.“

That´s what the WhiteRabbit saiys, repeatedly,
dressed up like a pilot
running up and down the streets.
And Alice, without malice, follows him saying:

„But no, Mr. WhiteRabbit,
just stick to our righteous, clear and universal values
and you will see how the world is going to change.“

The WhiteRabbit says no more,
he vanishes into an alley.

Alice looks for him everywhere
till she runs into a somewhat peculiar creature.

The Mad ATM:

Through-me-you-go-to-the-city-of-gain
Through-me-you-cash-in-all-value-you-have
To touch and taste banknotes of every color
And coins of every size and shape to count
Abandon all hope, deposit all faith
And type in your PIN number

Then Alice has a morsel
of that magic mushroom
and she shrinks flattens inserts herself into the slot
for cards and then

Alice steps into the Mad ATM´s den, falling down, hit by spikey graphics
here and there, pushed by stocks that hit her until Alice sees a market
hanging from a wire and decides to enter it:

„How lucky! The Stock Market,
who knows what it may stock.
Brotherhood. Friendship, Love, Solidarity…“

That´s what Alice thinks before opening it
only to find
the Big Bad Wolf, abnormally above weight,
who's about to devour a slice of an Ltd company

„What a big belly you have“ says Alice
„That´s because I eat all I see“ answers the Big Bad Wolf
„I eat LittleRedRidingHood,
her grandma, her mom, their house, the woods,
sub-prime mortgages,
what citizens save, what the state stores…

and the wire hanging the market breaks
and Alice falls out of it, deeper into
the bottomless Mad ATM, so futile and utile.

"There´s no time, no time,
this is the end, the end of the world" says the WhiteRabbit
as it all breaks to crumbles.

"But who´s making me fall like this?" Alice thinks, then says:
"Everybody be cool, this is a robbery!
Why are you stealing my future
and when are you giving it back to me? I will
pay a lot for it, I´ll give all I have,
this is a robbery: the purse or your life,
choose between the purse and your life,
and if the world is now reduced to a coin
to better fit purses and pockets, you´d better turn against
your pockets inside out and overturn and throw
your purses and
pull out everything worth-stealing you still have, because

♪

Ladies and gentlemen of this world:
we are falling down
we request you to keep calm and carry on
your own personal steward has provided you with a morsel
of that magic mushroom
which can shrink us; taste it,
it is already acting on your bodies,
we are decreasing,
feeling better, lighter,
we are no longer falling,
but levitating, almost flying,
and if you really mean to see a wonder,
let´s have another mouthful
and we´ll rise out again in the starry night.

Sergio Garau
Οὖτις

Nessuna Ὀδύσσεια
è morta
sotto il cielo di cucina
in frammenti
sparsa di sale calce zucchero farina
di un velo di intonaco piatti pavimento
lo zaino quasi pronto
illeso
il cellulare al 10%
il resto spento

Nessuna Afrodite
è nata
nelle acque di Cipro
seme Celeste
mutilato ammutolito
corpo in attesa
in corpo materno
sospesa
sposa in gilet arancione
catarifrangente parole inglesi
al radiotrasmettitore:
-persone a bordo
richiesta di soccorso
la nostra posizione è -
la cinta si rompe intorno
la pancia si riempie
sul fondo
solo sangue suoni
nutrimento
prima ultima
culla buia
poi silenzio

Nessuna amata
Σαπφώ
a mano armata
evade
fame e fiamme
le tende del campo
non si taglia
la testa in fila l'onda
spinata
delle Parche
Lesbia a Moria
lira cantami
Nessuna ascolta
le sirene al porto
di Malmö

Nessuna odiata Europa
salpa dal Libano per Cnosso
a dorso bianco di toro
Nessun Minosse giudice
all'ingresso di uno schermo
labirintico di data
dà il permesso
di divorare Arianne
rimpatriarle
a Colono eterno
Europa non si acceca
prima o dopo uccidere
se stessa
in cerca
di Nessuna Itaca
Nessuna Terra
senza
senza βῆτα

Nessuna desidérea
nata spenta
odiosissima
Odissea

Biografien

Heinz Gärtner (*1951) war zuletzt Direktor des Österreichischen Instituts für Internationale Politik (oiip) und Vortragender am Institut für Politikwissenschaft an der Universität Wien, an der Diplomatischen Akademie Wien und an der Donau Universität Krems. Er hält regelmäßig Vorträge an amerikanischen, europäischen und asiatischen Universitäten und Forschungsinstituten. Zu seinen Forschungsschwerpunkten zählen Internationale Sicherheitspolitik, Abrüstung und Rüstungskontrolle.

Hans-Georg Häusel (*1951) zählt zu den bekanntesten Hirnforschern und Neuromarketing-Experten Europas. Mit dem von ihm entwickelten Limbischen Modell, seinen Bestsellern „Think Limbic – Die Macht des Unbewussten verstehen" oder „Brain View – Warum Kunden kaufen" über neuropsychologische Aspekte des Geld- und Konsumverhaltens hat er das Managementdenken revolutioniert. Er ist Dozent an der Hochschule für Wirtschaft in Zürich und berät zahlreiche Institutionen und Unternehmen.

Hubert Hasenauer (*1962) ist gelernter Förster, Forstwissenschafter und seit 2007 Professor für Waldbau an der Universität für Bodenkultur (Boku) in Wien. Von 2018-2022 war er deren Rektor. Er ist Päsident des Austrian-Africa Uninetzes, stv. Vorsizender von ICA, der Association of European Life Science Universitäten, sowie des Österreichischen Forstvereins. In seiner wissenschaftlichen Arbeit beschäftigt er sich mit Waldwirtschaft, Ökosystemodellierung und Klimawandel.

Ahmad Milad Karimi (*1979) ist Islamwissenschafter und Religionsphilosoph afghanischer Herkunft. Er lehrt an der Universität Münster Kalām, Islamische Philosophie und Mystik und betätigt sich außerdem als Koran-Übersetzer, Dichter, Verleger und Herausgeber der Kalliope, einer Zeitschrift für Literatur und Kunst. Aufgrund seiner außerordentlichen Biografie und seiner vielbeachteten Medienpräsenz zählt Karimi inzwischen zu den prägendsten Köpfen des Islam in Deutschland.

Martin Klemenjak (*1977) ist Professor für Soziale Arbeit an der FH Kärnten und lehrt unter anderem Erwachsenenbildung, Sozialpolitik und politische Partizipation. Er studierte Pädagogik im Studienzweig

Erwachsenen- und Berufsbildung an der Universität Klagenfurt. Als Gründungsmitglied des Organisationsteams der „Kärntner Gespräche zur demokratiepolitischen Bildung" wurde er im Jahr 2016 mit dem ersten Barbara Prammer-Preis ausgezeichnet.

Andreas N. Ludwig (*1984) ist wissenschaftlicher Mitarbeiter am Lehrstuhl für Internationale Beziehungen der Katholischen Universität Eichstätt-Ingolstadt (Deutschland) mit Schwerpunkt Außenpolitik und europäische Integration sowie Lektor für Europapolitik an der FH Kärnten. Er studierte Politikwissenschaft und Geschichte in Eichstätt und Rennes (Frankreich) sowie Internationale Geschichte an der Universität Straßburg (Frankreich) und promovierte in Internationalen Beziehungen.

Robert Menasse (*1954) ist Schriftsteller, Literat und politischer Essayist. Nach seinem Studium der Germanistik, Philosophie und Politikwissenschaft lehrte er als Gastdozent am Institut für Literaturtheorie an der Universität São Paulo (Brasilien). Einer breiten Öffentlichkeit ist er spätestens seit seinen Schriften über das Innenleben der europäischen Institutionen in Brüssel bekannt. Seine Bücher „Der Europäische Landbote" (2012), „Die Hauptstadt" (2017) und „Die Erweiterung" (2022) sind eine liebevoll-kritische Annäherung an das politische System der Europäischen Union.

Sieglinde Rosenberger (*1957) ist Politikwissenschafterin an der Universität Wien mit Schwerpunkt Migrations- und Integrationsforschung im europäischen Kontext. Sie engagiert sich insbesondere für neue Formen der politischen Partizipation zur Stärkung der Demokratie und Menschenrechte. Für ihre Arbeit zu Fragen der Gleichstellung von Frauen und benachteiligten Gruppen in der Arbeitswelt erhielt sie zahlreiche Preise, zuletzt das Goldene Ehrenzeichen für Verdienste um das Land Wien.

Ina Schmidt (*1973) betreibt eine Praxis für angewandte Philosophie in Reinbek bei Hamburg. Die studierte Kulturwissenschafterin ist Mitglied und Vortragende in zahlreichen Gesellschaften, u.a. im Netzwerk Ethik, im Literaturhaus Hamburg, in der Körber Stiftung, der Liechtenstein Academy und an der Leuphana Universität Lüneburg. Sie publizierte mehrere philosophische Sachbücher und ist gefrage Expertin und Autorin für philosophische Fragen des Alltags.

Wilfried Seywald (*1961) ist Erfinder, Gründer und Organisator der Europäischen Toleranzgespräche, die seit 2015 alljährlich in Fresach stattfinden. Er hat nach seiner Tourismuspraxis Politik- und Kommunikationswissenschaften studiert und nach zehn Jahren Journalismus in der Außenpolitik 1991 die PR-Beratung Temmel, Seywald & Partner und 1997 die Nachrichtenagentur pressetext gegründet. Er ist als Tourismus- und Kommunikationsberater sowie Medienunternehmer international tätig.

Hannes Swoboda (*1946) ist Präsident des Kuratoriums der Europäischen Toleranzgespräche. Er war von 1996 bis 2014 Listenführer der österreichischen Sozialdemokraten im Europaparlament, ab 2012 Präsident der europäischen S&D Gruppe. Er leitete zahlreiche Ausschüsse und Delegationen und hat als Berichterstatter mit Regionalfokus auf Südosteuropa, Zentralasien und Russland beträchtliche Beiträge im Kampf gegen politischen Extremismus und für die Menschenrechte geleistet.

Peter Vollbrecht (*1953) ist Autor und Spezialist für literarische und philosophische Reisen. Er promovierte über Hegel und verbrachte fünf Jahre als Lektor für deutsche Sprache und Kultur in New Delhi. Anschließend lehrte er an den Universitäten Heidelberg und Bayreuth, bevor er 1997 das Philosophische Forum in Esslingen bei Stuttgart gründete. Seit vielen Jahren bereist er – philosophisch – Mittel- und Südeuropa, Indien, Sri Lanka und Myanmar. Für ihn ist Reisen „Nahrung für die Seele".

Slam-Poet*innen

DaWastl (*1982), Graz
hat sich ganz der Lyrik und dem Wortspiel verschrieben. Seit 2019 bereist er die Poetry Slam Bühnen im deutschsprachigen Raum. Er liebt es, vor Publikum zu sprechen und nennt sich selbst einen literarischen Schwer-Verb-brecher, verurteilt für Reim-bruch mit Todesfolge. Bitte aber nicht ablenken lassen, denn ansonsten fehlen hernach die Worte.

Silke Gruber (*1981), Innsbruck
ist hauptberuflich Mutter, dazwischen mal Lehramtsstudium (Deutsch, Psychologie und Philosophie). Sie veröffentlicht Kurzprosa, Lyrik und Dialektale in Zeitschriften und Anthologien (zuletzt in Irre schön, Satyr 2021) und ist Mitglied der Innsbrucker Lesebühne FHK5K, außerdem immer wieder als Slam-Poetin unterwegs.

Shafia Khawaja (1999), Wien
ist seit 2019 auf den heimischen Poetry Slam Bühnen präsent. Sie war 2020 Finalistin bei den Wien-Niederösterreich-Burgenland-Landesmeisterschaften. Letztes Jahr wurde sie Drittplatzierte bei den Österreichischen Staatsmeisterschaften. Sie schafft mit ihren Auftritten den Spagat zwischen lustig und ernst.

Katharina Wenty (1995), Wien
ist preisgekrönte Autorin und Filmemacherin. Seit 2016 steht sie auf Poetry Slam Bühnen und trat mittlerweile in über zehn Ländern auf drei Kontinenten auf, u.a. Zukunftskongress der Grünen Europas, Erdgespräche, 4Gamechangers, Erlanger Poetenfest, Deichbrand Festival uvm. 2018 wurde sie Poetry Slam Landesmeisterin für Wien, Niederösterreich und Burgenland und belegte den 5. Platz bei der Poetry Slam Europameisterschaft.

Trisha Radda (1989), Graz
lebt in Graz, wo sie gerade an ihrem Studienabschluss arbeitet. Seit ihrem 15. Lebensjahr veröffentlicht sie Kurzgeschichten, Gedichte und Novellen. 2017 vertrat sie Kärnten erstmals bei den Österreichischen Poetry-Slam-Meisterschaften. Trisha schreibt viel und gern – und ist somit bei fast jedem Slam mit einem neuen Text am Start!

Impressum:

Herausgeber: Edition Denk.Raum.Fresach
Redaktion und Lektorat: Dr. Wilfried Seywald
Produktion: Temmel, Seywald & Partner

Temmel*und***Seywald**

wilfried@seywald.at
www.tsp.at

Schrift: Times und Arial
Gedruckt auf Werkdruckspapier, weiß 90g

© 2022, Dr. Wilfried Seywald
Edition Denk.Raum.Fresach
Homepage: www.fresach.org

Buchgestaltung und Layout: Mag.art. Xenia Vargova
Titelbild: Mag. Erika Seywald
Herstellung und Verlag: BoD – Books on Demand, Norderstedt
ISBN: 9783756817085

Bibliografische Information der Deutschen Nationalbibliothek
Die Deutsche Nationalbibliothek verzeichnet diese Publikation in der
Deutschen Nationalbibliografie; detaillierte bibliografische Daten sind im
Internet über: http://dnb.de abrufbar.